Signos lunares

La guía definitiva para entender su signo, las diferentes combinaciones astrológicas Sol-Luna y sus compatibilidades

Índice

Introducción

¿Alguna vez ha leído su horóscopo zodiacal y ha pensado que la descripción no correspondía a usted? ¿O tal vez la información era completamente irrelevante para el lugar en el que se encontraba en su vida? ¿Sabía que debe mirar más allá de su signo solar? Si desea tener una visión más amplia, debe centrarse en su signo lunar.

O tal vez alguien le preguntó cuál era su signo zodiacal y de inmediato respondió su signo. Para su sorpresa, su amigo no creyó que usted fuera un Sagitario. Para él, eras Piscis o Libra.

Normalmente, alguien se refiere a su signo solar cuando una persona le pregunta: "¿Cuál es su signo?". Y aunque es perfectamente aceptable preguntar esto porque el signo solar ofrece a los demás una visión de su personalidad y de los rasgos que muestra al mundo, hay más cosas que una persona puede preguntar para hacerse una idea más clara de quién es usted.

Probablemente, las palabras de su amigo resonaron en usted y decidió que era hora de ponerse a investigar. En seguida se percató de algo llamado signo lunar, y cuanto más lo investigaba, más sentía que no era un Sagitario.

Probablemente usted no sintió que el horóscopo estaba hablando de usted en primer lugar, porque, aunque su fecha de nacimiento dice que es un Sagitario—o que su signo solar está en Sagitario— Usted es muy emocional y tiene una profunda conexión con el hecho de sumergirse en el agua y descubrir su verdadero mundo interior.

Esto sucede porque tiene la Luna en Piscis. A fin de que el horóscopo ofrezca una imagen precisa de usted, debe conocer su signo lunar, lo que no siempre está referenciado.

Sin embargo, se preguntará por qué es importante su signo lunar. Pues bien, ¿Sabía que la Luna tiene diferentes fases y que todas ellas, sin duda, alterarán su percepción haciéndole estar un poco más en sintonía con la naturaleza? ¿Sabía que las fases de la Luna incluso hacen que las mareas del océano aumenten o disminuyan?

Lo importante es que tanto los signos solares como los lunares se necesitan mutuamente para mantener un estilo de vida saludable. No se pueden excluir unos de otros. Trabajan juntos para formar su ser completo.

Aunque a primera vista parezca que la Luna se transforma constantemente y se mueve de un lado a otro, mientras que el Sol está ahí solo siendo el Sol, esto no es del todo cierto.

No es que la Luna cambie constantemente a lo largo del mes; es más bien un caso de percepción: su percepción de la Luna cambia continuamente durante el mes. De ahí que a veces vea una gran luna llena, y otras veces, no la vea en absoluto, o solo vea la mitad. No es que la Luna no esté ahí; tiene que ver más con las zonas oscuras que no están iluminadas para que pueda verlas.

Hay ocho fases lunares:

- La luna nueva es cuando la Luna no es visible en absoluto.

- El cuarto creciente es cuando hay un creciente muy fino en el lado izquierdo de la Luna.

- El primer cuarto es cuando se puede ver el primer cuarto de la Luna, también conocido como media luna.

- La luna creciente es la fase de crecimiento entre la media luna o el cuarto creciente y la luna llena. Creciente es sinónimo de aumento de tamaño o de hacerse más grande.

- La luna llena es cuando se puede ver toda la Luna.

- La luna menguante es la fase entre la luna llena y la media luna de nuevo. Menguante es sinónimo de disminución de tamaño o de hacerse más pequeña.

- El tercer cuarto es cuando la Luna vuelve a ser media. Se muestra al contrario que el primer cuarto de la Luna.

- El cuarto menguante es cuando hay una fase creciente muy fina en el lado derecho de la Luna.

La Luna tarda casi veintiocho días en orbitar alrededor de la Tierra. Cuando esto ocurra, la Luna completará su ciclo. Si divide 28 entre doce—como en doce signos solares diferentes—obtendrá 2,3: El número de días que la Luna pasará en cada signo lunar. Como resultado, la Luna también le dará un signo, que es su signo lunar.

Pero antes, empezaremos por el principio, para que quede todo muy claro.

¿Qué es un signo solar? El signo solar suele ser sinónimo de signo zodiacal, ya que la mayoría de la gente lo interpreta así. El signo solar nos indica cuál era la posición del Sol en el momento en que nacimos. En consecuencia, hay doce signos solares porque hay doce meses en un año. Una persona solo puede tener un signo solar y un signo lunar, pero eso no significa que no pueda tener características de otros signos en su carta natal.

Además, cada signo solar está regido por un planeta diferente, lo que también tendrá consecuencias directas en los rasgos de su personalidad o en sus elecciones. Por ejemplo, Géminis está regido por Mercurio, que es conocido por aportar características intelectuales a los nacidos bajo ese signo solar.

Piense en su carta natal como si estuviera tomando una fotografía del cielo y del universo, exactamente en el momento en que nació. Todos esos planetas y signos representarán su personalidad y su vida.

Entonces, ¿qué es un signo lunar? El signo lunar le indica la posición de la Luna en el momento de su nacimiento. Las principales diferencias entre los signos solares y lunares son que los signos solares mostrarán los rasgos de su personalidad y cómo es su carácter, mientras que los signos lunares mostrarán cómo es su lado emocional, qué estados de ánimo tiene, cómo maneja sus instintos y en qué comportamientos subconscientes cree.

En otras palabras, el signo solar es la cáscara exterior, y el signo lunar es la cáscara interior.

Por ejemplo, Tauro es apasionado, extrovertido y ama el placer y las cosas relacionadas con la tierra. Si un Tauro tiene la Luna en Piscis, se volverá introspectivo, disfrutará de los deseos expresados en sus sueños y se centrará más en las profundidades interiores de su personalidad.

Sin embargo, si un Tauro tiene un signo lunar diferente, mostrará un conjunto de características distintas a las de un Tauro Piscis. Esto los hará más únicos que nunca.

Otra diferencia básica entre los signos solares y lunares es esta: Si desea conocer su signo solar, solo necesita saber su fecha de nacimiento. Si desea conocer su signo lunar, necesita saber su fecha de nacimiento, la hora y el lugar en que nació.

Esto se puede explicar de forma sencilla: El Sol suele tardar más tiempo, más exactamente, treinta días en pasar de un signo estelar —o signo solar— al siguiente, pero la Luna se mueve más rápido que el Sol, y solo permanecerá en un signo concreto durante dos días y medio cada vez. Por lo tanto, es más difícil descubrir el signo lunar porque se necesita información más detallada para obtener una lectura precisa.

¿Cómo puede una persona calcular su signo lunar? Puede encontrar su signo lunar utilizando un programa en línea o una tabla especial que le permitirá ver por dónde pasaba la Luna en el momento de su nacimiento.

Al hacerlo, primero tendrá que escribir cuándo nació. Escriba la fecha, el mes y el año. Puede utilizar muchas calculadoras en línea, y también puede contactar con un astrólogo para que le ayude.

Necesita toda esta información porque la posición de la Luna depende totalmente del lugar en el que haya nacido. Si ha nacido en Asia, su Luna estará en una posición, y si ha nacido en Sudamérica, su Luna estará en otra. Si no dispone de esta información, siempre puede poner el lugar más cercano o la hora que crea conveniente. No le dará una descripción exacta, pero podría ayudar de todos modos.

El resultado que obtendrá es su carta natal. En ella, usted descubrirá su signo lunar, pero pronto se dará cuenta de que hay muchas "casas". Estas son las que representan diferentes áreas o etapas de la vida. También le ofrecen una visión de cómo responder a esas situaciones y expresar sus emociones.

Por ejemplo, una persona con la Luna en Sagitario en la novena casa probablemente se sentirá muy bien cuando explore con éxito algo nuevo y se convierta en un maestro. Esto se debe a que la casa nueve representa la expansión, y el planeta Júpiter, que es conocido por todo lo grande, también rige a Sagitario.

Este es un aspecto importante dentro del mundo de la astrología porque usted es un individuo al que le gusta diferenciarse del resto de la multitud. Pero primero debe descubrir sus signos solares y lunares para hacer el resto de su carta natal.

Conocerse a usted mismo es un proceso interminable en el que constantemente aparecen y se agitan partes de su pasado. Sin embargo, también le ofrece la oportunidad de ver cómo puede dar forma a su futuro, empezando ahora mismo. Cuando sea consciente de su signo lunar, notará un lado diferente de usted, y ampliará su perspectiva ante la vida y formará conscientemente su camino.

Es justo decir que todos los seres humanos tienen diferentes formas de experimentar la vida. Todos están construidos con una amplia gama de características que dan forma a toda su existencia. Tienen diferentes puntos fuertes y débiles, y casi todos intentan activamente comprender por qué se comportan como lo hacen.

Cada signo solar del zodíaco tiene sus características, por lo que no es sorprendente encontrar estos conjuntos de rasgos en los signos lunares. Por ejemplo, la Luna en Aries significa que la persona es muy apasionada y tiene mucha energía para atravesar las situaciones más difíciles de la vida. O si tiene la Luna en Virgo, lo más probable es que sea muy ocurrente e inteligente, y que prefiera prestar atención a los detalles más pequeños en lugar de fijarse en la imagen más grande.

Una vez que reconozca quién es realmente, qué quiere en la vida y qué necesita mejorar, también se dará cuenta de quién es y cómo se está convirtiendo en usted mismo, y conocer su signo lunar puede ayudarle a conseguir todo esto.

Entonces, ¿qué son los signos lunares? ¿Por qué son importantes en la astrología moderna? ¿Qué nos dicen sobre nuestra personalidad y nuestra forma de ver la vida? Aquí aprenderá sobre las diferentes y posibles 144 combinaciones entre los signos solares y lunares.

Esta información es relevante para cualquier viaje interior, ya que pronto descubrirá si su signo solar y lunar están en paz o si hay fricción entre ellos. Los signos del Sol y de la Luna pueden complementarse entre sí o no funcionar juntos en absoluto. De ahí que las personas tengan más problemas para superar ciertas situaciones de su vida porque su signo solar y lunar no están equilibrados.

Como resultado, quizás algunas combinaciones de signos solares y lunares sean excelentes, mientras que otras probablemente se enfrentarán a situaciones más difíciles.

Como su título indica, este libro es una guía definitiva para entender su signo, las diferentes combinaciones astrológicas Sol-Luna y la compatibilidad. Si realmente quiere saber cómo es su personalidad y, sobre todo, por qué es así, necesita conocer sus signos solares y lunares.

Una vez que haya reunido esta información, podrá trabajar para mejorarse a sí mismo. Puede mejorar las diferencias entre ambos signos, y puede unirlos entre ellos con fuerza. Es importante que sea consciente de todas las partes de su carta natal, no solo del signo solar y lunar.

Si ya ha descubierto el mundo que hay detrás de los signos solares, ha llegado el momento de saltar a los signos lunares. Este libro le guiará por este universo alternativo lleno de información.

¿Ya está preparado? Es hora de viajar a la Luna.

Capítulo 1: Luna en Aries

Símbolo: El carnero

Elemento: Fuego

Cualidad: Cardinal

Casa gobernante: Primera

Planeta regente: Marte

Breve explicación de la Luna en Aries

Aries es el primer signo del Zodíaco. Por ello, marca el camino a seguir por el resto de los signos. Si tiene la Luna en Aries, es probable que sea un individuo fogoso e impulsivo que realmente sabe lo que quiere y cómo conseguirlo.

Aries es un signo cardinal, y esto significa que le gusta poner las cosas en movimiento. Es un líder nato, y una de sus mayores cualidades es ser el primero en hacer muchas cosas en la vida.

Como Luna en Aries, a menudo sentirá que necesita algo más, aunque no lo necesite en absoluto. Se trata más bien de cumplir con algo o de lograr algo. Por lo general, la Luna en Aries le hará sentirse emocionalmente satisfecho cuando esté atravesando un momento emocionante o un cambio.

La Luna en Aries es la que da impulso al resto de los signos. Sin embargo, también es probable que se precipite a hacer cosas porque no se detiene a pensar: ¿Qué voy a hacer? Solo lo hace.

El planeta Marte rige a Aries, que, a su vez, es el planeta que está detrás de los guardianes y del comportamiento agresivo. Como resultado, muchos Aries sienten que son temperamentales sin razón o que les gusta librar batallas innecesarias todo el tiempo.

Por último, Aries siempre dirá "sí" a las aventuras, las ideas y las actividades. Su Luna le hará explorar áreas desconocidas de la vida, y hará que todos los demás le sigan con su personalidad fogosa e increíblemente encantadora.

La Luna en Aries y sus rasgos de personalidad

Puntos fuertes de la Luna en Aries

Es un líder activo y nato

Como Luna en Aries, nunca les dirá a otros que hagan algo sin haberlo hecho usted primero. Por lo tanto, es un líder sobresaliente porque también es consciente de la influencia que tiene en los demás.

Otro aspecto importante de ser un líder activo es que supera fácilmente los obstáculos, mientras que otros pueden pensar que es imposible atravesarlos. Si tiene una situación difícil y no sabe qué hacer, Aries puede resolverla por usted.

Tiene confianza en sí mismo

Su Luna en Aries hará que siempre crea en sí mismo y que se sienta orgulloso de lo que hace. El hecho de poseer la Luna en Aries hace que usted conozca su valor, y que su autoestima sea saludable.

Irradia energía positiva

Incluso en los momentos más oscuros, los miembros de la Luna en Aries siempre sonreirán. Por lo tanto, usted pensará que es necesario pasar por situaciones problemáticas porque es la única manera de aprender a salir de la tormenta.

La Luna en Aries es un signo muy activo. Por lo tanto, también transmite energía positiva hacia todo lo que hace.

Es un ser humano creativo

Las personas con Luna en Aries siempre encontrarán algo emocionante que hacer, incluso si ya han hecho lo mismo un millón de veces. Son tan únicos que se les ocurren grandes ideas que otras personas a veces no entienden.

Debilidades de la Luna en Aries

Se enfada con facilidad

¿Pero puede culparse a sí mismo? Es el primer signo del zodiaco, pero también es un signo de fuego y cardinal. Por supuesto, se enfadará en cuanto se le presente la oportunidad. Sin embargo, diferentes signos lunares ayudarán a una Luna de Aries a superar este problema, o al menos a trabajar en él.

Es muy impaciente

Una persona con la Luna en Aries quiere que todo esté hecho para ayer. No descansará hasta lograr sus objetivos, y se impacientará más que nunca si los obstáculos se interponen en su camino. La Luna en Aries quiere todo con la misma rapidez y no le importará apartar a los demás para conseguir todo lo que ha imaginado.

Es muy egoísta

Las personas con Luna en Aries no se caracterizan por sus actos desinteresados, sino todo lo contrario. Por lo general, si se trata de alguien de Luna en Aries detrás de algo, es porque puede obtener algo de ello.

Le gusta la atención

Los Aries también son buscadores de atención, lo que hace que se sientan frustrados cuando nadie les presta atención, ni a lo que hacen o dicen. Casi parece que su Luna en Aries necesita ser el centro de atención, o no actuará en absoluto.

La Luna en Aries y su compatibilidad amorosa

La Luna en Aries es un líder valiente que ama la libertad y el amor. Independientemente de la ubicación de su Sol o Luna, este signo de fuego suele tener compatibilidad amorosa con otros signos lunares de fuego (Leo y Sagitario) o de aire (Géminis, Libra y Acuario).

Como Luna en Aries, es probable que reconozca estos rasgos. Necesita a alguien que pueda ponerse a su altura con facilidad, alguien que le anime a convertirse en un líder y que siempre le cubra las espaldas. Sin embargo, también necesita a alguien que no tenga miedo de decirle cuando está cometiendo un error, aunque esta acción pueda traer futuras discusiones entre los dos.

La Luna en Aries le hará tener fuertes peleas con sus seres queridos; aun así, defenderá sus argumentos pase lo que pase. En cuanto esas situaciones se desvanezcan, tendrán mucho tiempo para reconciliarse y amarse.

La Luna en Aries es la que se sumerge primero en las nuevas relaciones amorosas. Es como si le dijeran que no debe tener miedo de lanzarse hacia encuentros emocionantes. Sabe que un amigo también puede convertirse en algo más.

La Luna en Aries es menos compatible con la Luna en Cáncer. La Luna en Cáncer pensará que la Luna en Aries es una persona alejada de la realidad, alguien que no quiere trabajar a su lado para lograr una relación más saludable, y quizás usted no lo haga. Pero no querrá que se lo digan. Por otro lado, la Luna en Aries pensará que Cáncer es demasiado pegajoso y que necesita espacio, lo cual no es una buena combinación.

Aries como signo solar y los diferentes signos lunares

Sol en Aries + Luna en Aries

Si hay un signo que realmente simboliza el fuego, es Aries. Así que, ¿puede imaginar cómo es un doble Aries ya que usted es uno? Fuego por todas partes. El doble Aries es una persona luchadora, por lo que dirá todo como es—o al menos como lo ve—y no tendrá miedo de decir lo que piensa, a veces incluso más alto que el resto.

Como doble Aries, tiene una intensidad emocional como ningún otro signo. A veces, ni siquiera es consciente de esta poderosa combinación y de cómo puede llegar a los demás. Por lo tanto, puede herir los sentimientos de otra persona sin saberlo.

Sol en Aries + Luna en Tauro

La Luna en Tauro aporta una sensación de arraigo al signo solar de Aries. La Luna en Tauro le hace más paciente, por lo que se encuentra perfectamente cuando debe esperar, ya que lo considera parte de la vida.

Casi parece que la Luna en Tauro le insta a ir más despacio y a mirar a su alrededor para abrazar la naturaleza y sus cambios. Además, como Tauro viene justo después de Aries, quizás el toro ya sabe qué esperar de usted: fuego y más fuego.

Sol en Aries + Luna en Géminis

El Sol en Aries y la Luna en Géminis significan que le gusta conversar. Cuando estos dos signos se combinan, se convierte en alguien expresivo, y no tiene miedo de decir lo que piensa.

Además, Géminis es un signo de aire, por lo que el aire que huye puede calmar la intensidad de su fuego de Aries. De ahí que tenga un estilo de comunicación más relajado y sincero. Pero puede ocurrir lo contrario, y su Aries tendrá un fuego más fuerte en poco tiempo, lo que generalmente se traduce en que es directo y no teme decir la verdad.

Sol en Aries + Luna en Cáncer

Cuando la Luna en Cáncer aparece en Aries, usted puede ser profundamente sensible. De ahí que persiga sus emociones demasiado de cerca y que a veces evite ver el panorama general.

Además, la combinación depende en gran medida de sus emociones diarias. Si un sentimiento es demasiado fuerte o no tiene las herramientas adecuadas para entenderlo, también puede traer mucha frustración y resentimiento.

Sol en Aries + Luna en Leo

Esta combinación es una alerta de temperamento intenso. Lo mejor sería que hiciera ejercicio como método para liberar su fuego y sus energías. Usted está orgulloso de su nivel de intensidad y de lo que puede lograr con él.

Sin embargo, también es una persona a la que le gustan las cosas a su manera, con poco o ningún espacio para el compromiso. Solo se mira a sí mismo y puede quedar atrapado en sus llamas. Esto podría ser una situación problemática para algunos, pero usted parece encontrar su camino siempre.

Sol en Aries + Luna en Virgo

Le gusta ayudar a los demás. A veces incluso se olvida de sí mismo, para asombro de otras combinaciones de Aries. Los Virgo se olvidan regularmente de sus emociones. Por lo tanto, podría haber una lucha constante entre su Sol en Aries y la Luna en Virgo.

Aries necesitará recordarle que está bien cometer errores, ya que Virgo puede convertirse en un signo hipercrítico consigo mismo o con los demás.

Sol en Aries + Luna en Libra

Estos dos signos son los primeros signos opuestos en la rueda del Zodiaco. Casi siempre están tratando de equilibrar lo que sienten, sus deseos y lo que les gustaría compartir con los demás. Dentro de esta combinación, el signo del Sol o de la Luna hará que el otro se sienta seguro.

Una Luna en Libra suele ser alguien que cuida de los demás y es algo con lo que su Sol en Aries no está muy familiarizado. No solo quieren ayudar a los demás, sino que también lo hacen sin esperar nada a cambio. Esta entrega intencionada y gratuita es algo nuevo para usted.

Sol en Aries + Luna en Escorpio

Hablando de una poderosa y sexy combinación de signos. Estos dos signos son seres altamente sexuales, y no debería sorprenderse, ya que le encanta experimentar cosas nuevas en el dormitorio.

Saben cuándo confiar en su intuición en todos los niveles. Aun así, también sentirá la necesidad de innovar, por lo que esta combinación aporta lo mejor de dos mundos, lo que hay en el interior y cómo puede avanzar y convertirse en un líder.

Sol en Aries + Luna en Sagitario

Si hubiera una combinación de signos a los que les gusta viajar lejos, sería esta. Por eso es probable que esté volando con su doble de fuego. Estos dos signos le hacen ser lo más ecléctico posible, y no tiene miedo de demostrarlo.

Siempre aspira a más. No le basta con viajar. Necesita aprender el idioma, vivir con los lugareños y descubrir muchas otras joyas ocultas que el resto del mundo desconoce. Cuanto más lejos pueda llegar, más implicado estará.

Sol en Aries + Luna en Capricornio

Esta combinación podría presentar contratiempos, principalmente porque siempre hay una lucha entre Aries que no es consistente y Capricornio que intenta ser constante con todo lo que hace. Como resultado, su Luna en Capricornio puede tomar la delantera sobre su Sol en Aries, y convertirse en un adicto al trabajo o muy dependiente de algo.

Capricornio disparará la intensidad de Aries hasta el techo, y tendrá deseos incesantes de triunfar y hacerse de un nombre. Por último, es importante que usted exprese sus emociones sin sentirse culpable.

Sol en Aries + Luna en Acuario

Esta combinación es intensa y le gusta hacer las cosas. Aries tiene una pasión que a Acuario le encanta. Además, Acuario necesita ayudar a los demás a nivel humanitario, y Aries nunca se ha cruzado con eso.

Como persona nacida con estos dos signos, es probable que sea una persona directa cuyas llamas se dirigen a resolver los problemas más grandes que siempre encontrará. Es muy independiente, y a veces le resulta difícil dejar entrar a los demás y disfrutar de su compañía.

Sol en Aries + Luna en Piscis

Si posee esta poderosa combinación, lo más probable es que sea una persona muy espiritual que siempre trata de encender el fuego interior que todo el mundo tiene. Es probable que este Aries sea más vulnerable que otros, principalmente debido a su Luna en Piscis, que le hace derramar su alma.

Una persona de Aries con Luna en Piscis es alguien que disfruta siguiendo sus instintos y que no mirará a su alrededor para ver lo que hacen los demás. Solo avanzará nadando hacia sus objetivos.

Capítulo 2: Luna en Tauro

Símbolo: El toro

Elemento: Tierra

Cualidad: Fijo

Casa gobernante: Segunda

Planeta regente: Venus

Breve explicación de la Luna en Tauro

El toro es conocido por ser un animal enérgico en una lucha constante entre estar relajado o listo para la acción.

La Luna en Tauro le hace luchar con estos sentimientos porque, por un lado, es muy independiente y confiado en lo que hace. Por otro lado, suele ser muy testarudo y pedir ayuda no es algo que esté acostumbrado a hacer.

Si la Luna en Aries se caracteriza por su liderazgo, la Luna en Tauro hace que usted sea el que planifica e invita a los demás a participar en lo que se avecina. Si tiene la Luna en Tauro, es probable que siempre esté buscando su verdad.

A veces puede estar tan decidido a hacer algo que no le importará alejar a las personas, los lugares o las situaciones de sí mismo si eso significa que logrará lo que se ha propuesto.

Además, Tauro pertenece a la cualidad de los signos fijos. Esto puede resumir lo que desea para su vida: un hogar, seguridad y estabilidad. Si hace algo, es porque tiene ganas de hacerlo. Si ayuda a alguien, es porque quiere hacerlo de verdad.

La Luna en Tauro es muy sensual, y es perfectamente normal que se sumerja en un mar de exploraciones sexuales a lo largo de su vida. También es común que la Luna en Tauro sea la roca de los demás. Usted es muy fiel a lo que es y a lo que quiere llegar a ser.

La Luna en Tauro y sus rasgos de personalidad

Puntos fuertes de la Luna en Tauro

Es organizado

Si alguna vez necesita hacer algo rápidamente, llame a alguien con Luna en Tauro. Probablemente sabrá qué y cómo hacerlo en un abrir y cerrar de ojos.

Por lo tanto, es usted muy organizado. Sabe cuándo debe cumplir sus sueños porque solo usted es responsable de su éxito en la vida.

Es consistente

Si una persona Tauro se cae nueve veces, es probable que se levante diez, si no más.

Esta Luna le convierte en un sabelotodo, pero solo porque disfruta de su camino de aprendizaje, ya que quiere convertirse en alguien a quien los demás admiren. Si alguna vez se siente perdido, es gracias a su Luna en Tauro; sin embargo, rápidamente retomará su camino. No importa cuántas veces ocurra esto, usted es sincero consigo mismo.

Es directo y sincero

Al ser de la Luna en Tauro no le da miedo decir lo que piensa. Anima a los demás a hacerlo también. La Luna en Tauro hace que tenga un poderoso impacto en los demás, y suele aprovechar esto para influir positivamente en otros.

Es paciente

Las personas con la Luna en Tauro saben cuándo es el momento adecuado para actuar. Busca las oportunidades adecuadas y aprovecha el momento. Esta característica, unida a la capacidad de organización, puede hacer que alguien con Luna en Tauro llegue lejos en la vida, sobre todo cuando no descansa hasta alcanzar el éxito.

Debilidades de la Luna en Tauro

Es temperamental

La Luna en Tauro le hace tener un fuerte temperamento. Es normal que se enfade y cause problemas, aunque no tenga razón. Es normal que una persona con Luna en Tauro se vea envuelta en peleas, sobre todo si está defendiendo sus puntos de vista o a alguien menos favorecido en la vida.

Es testarudo

Esto es algo relativamente normal en un Tauro, pero la Luna en Tauro aporta más terquedad. Además, el signo de Tauro es un signo fijo, por lo que parece que siempre intenta demostrar su punto de vista. Pero, independientemente de lo que los demás puedan pensar al respecto, usted pisará fuerte.

A menudo se separa del resto

En ocasiones, la Luna en Tauro puede ser demasiado distante. Por lo tanto, se pondrá a sí mismo en primer lugar, y luego está el resto del mundo. Puede parecer emocionalmente distante o incluso desinteresado respecto a lo que le rodea.

No le gustan los cambios

Más a menudo de lo que le gustaría admitir, su Luna en Tauro le hará sentir como si los cambios fueran demasiado difíciles de atravesar. Puede pensar que se está protegiendo de los problemas, por lo que prefiere evitar los cambios recientes. Si los demás le imponen un cambio y usted no está de acuerdo con él, el infierno podría desatarse en cuestión de segundos.

La Luna en Tauro y su compatibilidad amorosa

Una persona con Luna en Tauro es alguien que valora la seguridad, sabe lo que quiere y piensa que la vida debe ser siempre agradable. Independientemente de la ubicación de su Sol o Luna, este signo de tierra suele tener compatibilidad amorosa con otros signos lunares de tierra (Virgo y Capricornio) o de agua (Piscis, Cáncer, Escorpio).

Alguien de Luna en Tauro necesita a una persona que le haga sentir atractiva la vida, que tenga un fuerte impulso interior para ser mejor persona y que no tenga miedo de escucharle y unirse a su causa.

Es probable que la Luna en Tauro vaya hasta el fin del mundo si eso significa que protegerá y defenderá su forma de pensar. Es tan obstinado que ni siquiera le importará perder amistades por el camino si se mantiene comprometido con la verdad.

La Luna en Tauro es la que busca la sensualidad y la química sexual con los demás. Cuando comienzas una nueva relación amorosa, especialmente no tiene miedo de abrazar su sexualidad, ya que significa que tendrá mucho tiempo para explorar con otra persona.

La Luna en Tauro es menos compatible con la Luna en Sagitario. El signo de fuego probablemente querrá viajar por el mundo o explorar nuevas culturas. En cambio, a Tauro le gustaría explorar su zona de seguridad, le guste o no a Sagitario. Sagitario también puede sentir que se ha comprometido al estar en una relación con Tauro, pero el toro probablemente pensará que Sagitario nunca hace lo suficiente para que la relación progrese.

Tauro como signo solar y los diferentes signos lunares

Sol en Tauro + Luna en Aries

Existe una interesante química entre estos dos signos. Aunque Tauro acompaña a Aries, este último es impaciente y Tauro siente la necesidad de alejarse más rápido que nunca.

Tener la Luna en Aries significa que Tauro está más en contacto con su fuego, y sus emociones podrían salir a la superficie. Esto es algo realmente importante, especialmente si Tauro esconde sus sentimientos o si se recluye demasiado emocionalmente.

Sol en Tauro + Luna en Tauro

Un doble Tauro es una de las personas más obstinadas de la Tierra. Sin embargo, estos signos le convierten en una de las personas más firmes y fiables que puede conocer. Tiene mucha confianza en sí mismo y tratará constantemente de mejorar su vida.

Ser un doble Tauro es como tener doble diversión, doble compromiso y doble terquedad. Usted no descansará en absoluto hasta materializar sus sueños. Sin embargo, deberá tener cuidado cuando pase demasiado tiempo solo, ya que de vez en cuando se esconde del resto del mundo.

Sol en Tauro + Luna en Géminis

Hay un equilibrio único en esta combinación. Por un lado, su Sol en Tauro es conocido por trabajar muy duro todo el tiempo. A Géminis le encanta comunicar todo lo que puede, por lo que siempre se moverán hacia el logro de sus objetivos de vida juntos.

La energía de este dúo es increíble, principalmente porque su Luna en Géminis ayuda a Tauro a sentirse más tranquilo con las decisiones que tiene que tomar. Sin embargo, el toro ayudará a Géminis a sentirse más seguro de sí mismo dándole un impulso muy necesario.

Sol en Tauro + Luna en Cáncer

Esta mezcla tiene un gran potencial para convertirte en un gran amigo y en un amante apasionado. Cáncer es el que ama nutrir y hacer que los demás se sientan bienvenidos; Tauro es el que disfruta recibiendo toda la atención, y es perfectamente consciente de ello.

Además, el signo de agua puede hacer que Tauro se sienta aún más aventurero en lo que respecta a saltar a territorios desconocidos, aunque con la certeza de que al final regresará a casa, donde pertenece.

Sol en Tauro + Luna en Leo

Estos dos signos son energías fijas, y esto puede ser extrapolado por su personalidad. A veces usted anhela la atención; otras veces, se la dan. Mientras que Leo es un signo dramático y le hace querer ser el centro del mundo, siempre existe la posibilidad de una guerra entre estas dos formas de pensar.

Es leal a quienes le rodean, y aunque parezca que es duro por fuera, es suave por dentro. Conoce bien sus puntos fuertes, y sus debilidades le hacen ser humilde.

Sol en Tauro + Luna en Virgo

Es una persona muy curiosa que tiene una mente inquisitiva. Por naturaleza, es la definición perfecta de lo que es un signo de tierra: con los pies en la tierra. Le encanta servir a los demás y trabaja activamente para conseguir sus objetivos.

Virgo hará que el Tauro se sienta seguro en lo que respecta a los sentimientos, por lo que tratará de expresar cómo ve realmente la vida y cuánto se preocupa por sus seres queridos.

Sol en Tauro + Luna en Libra

Venus rige ambos signos, por lo que es alguien que tiene una increíble y vibrante energía amorosa. Es el mejor amigo de todo el mundo; le encanta relacionarse con los demás y es muy sociable.

La parte genial de la combinación entre el Sol de Tauro y la Luna de Libra es que todas sus características se alinean con los intereses de sus signos. Es un artista por excelencia, un chef o incluso un padre o una madre. Todo lo que hace, lo hace con enormes cantidades de amor.

Sol en Tauro + Luna en Escorpio

Tener la Luna en Escorpio probablemente le haga sentir todo con más fuerza; es probable que sus niveles de intensidad suban mucho a veces. Esto se debe a que Tauro es muy terco y constante; Escorpio es el apasionado que también puede ser terco y constante.

Como signo de agua, Escorpio hará que Tauro salga de su zona de confort, ya que solo así podrá crecer. Además, Tauro aportará estabilidad emocional a Escorpio, por lo que se convierten en una poderosa combinación.

Sol en Tauro + Luna en Sagitario

Esta combinación hace las preguntas más importantes por adelantado sin dudar de sus intenciones. Se destaca por ser aventurero, tener los pies en la tierra y ser un excelente contador de historias. La Luna en Sagitario impulsará a su Sol en Tauro a salir de su zona de confort. Por el contrario, Tauro aportará energía con más fundamento a la vida de Sagitario.

Un signo tratará de imponer su forma de ver la vida al otro. Como resultado, existe la posibilidad real de tener una lucha interna persistente porque ambos lucharán con fuerza por su atención, pase lo que pase.

Sol en Tauro + Luna en Capricornio

Si estos dos signos se mezclan, lo más probable es que no solo sea el jefe, sino que sea muy mandón. Tauro siempre está trabajando duro para tener una cuenta bancaria saludable, y la Luna en Capricornio siempre está invirtiendo tiempo y esfuerzo en mejorarse a sí misma.

Usted está completamente centrado en su carrera y en su estatus social. Puede tener problemas para navegar por sus emociones, por lo que es aconsejable explorar sus sentimientos.

Sol en Tauro + Luna en Acuario

Cuando estos dos signos se combinan, se esforzarán por lograr la justicia en el mundo, o al menos en su interior. Acuario aporta una energía humanitaria que Tauro nunca ha experimentado, y el toro le dará al signo de aire un importante empujón también.

Acuario comprende la importancia de trabajar juntos, algo que Tauro aún está aprendiendo. Sabe que debe trabajar primero en sí mismo para ayudar a los demás en una etapa posterior.

Sol en Tauro + Luna en Piscis

La Luna en Piscis siempre significa que la persona es muy empática con los demás. Esta Luna también hará que su Sol en Tauro disfrute hablando con los demás, y que sea una persona que ha comprendido su verdadera forma de ser y que honra el camino de su vida.

Esta combinación es enérgica, pero también es flexible con todo lo que la vida le depara. Piscis es un signo mutable, así que esta Luna ayudará a Tauro a ser menos rígido o fijo y a estar más en sintonía con sus necesidades personales.

Capítulo 3: Luna en Géminis

Símbolo: Los gemelos

Elemento: Aire

Cualidad: Mutable

Casa gobernante: Tercera

Planeta regente: Mercurio

Una breve explicación de la Luna en Géminis

Cuando ocurre una Luna en Géminis, suelen ser los individuos más ingeniosos y divertidos. Son los que no tienen miedo de entrar en una habitación llena de extraños y hacer que todos recuerden quiénes son al final de la noche.

La Luna en Géminis le hará dueño del lugar en el que se encuentre, ya que hará que la gente le quiera. Como resultado, formará conexiones profundas con los demás casi de inmediato.

Este signo lunar le hace consciente de su popularidad, pero también sabe que no va por ahí pidiéndola. Si le pregunta a los demás cómo llegó a ser tan popular, probablemente no sabrán qué decirle porque solo le quieren tal y como es.

Se adapta fácilmente a cualquier situación, grupo de personas o desafío que se le presente. Parece que los gemelos de Géminis tienen dos pares de ojos, cerebros, manos y almas dondequiera que vayan. Pueden visualizarlo todo, son conscientes de lo que ocurre a su alrededor y parecen tener los pies sobre la tierra.

A la Luna en Géminis también le gusta hablar. Este signo está regido por Mercurio, que, como es lógico, es el planeta de la comunicación. Cuando Mercurio está retrógrado, es cuando más lo notará, independientemente de que la energía sea positiva o negativa.

Como resultado, la Luna en Géminis siempre sabe cuándo comunicar algo, aunque a veces se olvida de cómo decir las cosas de forma agradable. Con Géminis, todo es blanco o negro, de día o de noche. Piensa demasiado, habla demasiado y hace demasiado.

La Luna en Géminis y sus rasgos de personalidad

Puntos fuertes de la Luna en Géminis

Es energético

La Luna en Géminis parece tener su energía en niveles altos todo el tiempo. Teniendo en cuenta que se trata de un signo mutable, cambiará de forma para ofrecer resultados energéticos continuamente.

Sabe que necesita trabajar para lograr sus objetivos, y a veces este sentimiento es tan fuerte que no puede dejar de actuar o hacer las cosas que le llevarán al siguiente nivel.

Se adapta fácilmente a las nuevas situaciones

Tal vez la combinación entre el signo de los gemelos y su planeta regente, Mercurio, le haga adaptarse a situaciones diferentes e incluso desafiantes.

Una verdadera Luna en Géminis se adapta a personas, situaciones y lugares como ningún otro signo. A veces sus relaciones más cercanas se preguntarán si es realmente así o si está montando un espectáculo porque le encanta sorprender a la gente.

Sabe que el cambio es inevitable, así que debe estar preparado para ello.

Su imaginación se desborda

Su mente nunca se detiene y siempre está haciendo algo creativo y artístico. Cuanto más creativo sea, mejor.

A la Luna en Géminis le encanta que los demás le escuchen o que vean con asombro lo que ha creado. Se espera de usted que desarrolle las mejores ideas o historias, que cree nuevas tendencias y que se exprese de un millón de maneras diferentes.

Es inteligente desde el punto de vista emocional

La Luna en Géminis sabe cómo leer el estado de ánimo de otra persona sin tener que preguntar. Es consciente de lo que los demás esperan de usted, pero tampoco le importa.

Comprende que su estado de ánimo es siempre cambiante y muestra su verdadera personalidad a lo largo del día. También es empático y se asegura de que todos se sientan seguros, al menos cuando están cerca de usted.

Debilidades de la Luna en Géminis

No saber cuándo parar

No puede dejar de hablar. No puede dejar de sentir. No puede dejar de ser creativo. Esta Luna es un signo que no para, lo que puede ser agotador para usted y los que le rodean. Casi parece que su mente está en una carrera constante con el resto de su cuerpo.

Es común que la Luna en Géminis le haga sentir que todo el peso está sobre sus hombros porque usted mismo ha creado esta situación. Es parte de lo que usted es.

Necesita comunicarlo todo

A menudo, no sabe permanecer en silencio. Esto podría ser un verdadero problema, especialmente cuando trabaja o tiene una relación con un signo lunar más tranquilo y serio.

La Luna en Géminis le hace pensar que todo el mundo está dispuesto a escucharle y que todos quieren hacerlo. A menudo se pregunta si puede acallar su mente.

Evita el compromiso

Para usted, el amor es un compromiso. La Luna en Géminis será la primera en hacerle saltar cuando alguien le pida una cita, pero también será la primera en zafarse cuando su relación amorosa se dirija a lugares más comprometidos e interesantes.

El compromiso no es imposible bajo la Luna en Géminis, pero se necesita trabajo de su parte para superar estas creencias limitantes. Esto suele ser una lucha para las personas nacidas bajo este signo, ya que ni siquiera son conscientes de que reaccionan de cierta manera.

Oculta sus verdaderos colores

Tal vez sea porque es un signo mutable y porque son los gemelos. Cuando uno de los gemelos está cansado o no está de humor, el otro puede intervenir fácilmente. Como resultado, a veces puede ser difícil entender quién es realmente la Luna en Géminis.

Es normal que un día se convierta en un experto en algo, y al día siguiente, pregunte a los demás las cuestiones importantes porque, según usted, no sabe nada. Siempre está yendo y viniendo, no solo con respecto a usted mismo, sino también con respecto a su vida.

La Luna en Géminis y su compatibilidad amorosa

La Luna en Géminis le convierte en alguien que valora la creatividad, las comunicaciones claras y la capacidad de expresar emociones. Independientemente de la ubicación de su Sol o Luna, este signo suele tener compatibilidad amorosa con otros signos lunares de aire (Libra, Acuario) o de fuego (Aries, Leo, Sagitario).

La Luna en Géminis hace que necesite a alguien que pueda comunicarse como usted, que tenga un fuerte impulso interior para explorar nuevas profundidades y que no tenga miedo de escucharle y hacer las preguntas importantes.

Con la Luna en Géminis usted será muy bueno para describir sus sentimientos, pero no tanto para sentirlos; por lo tanto, necesitará a alguien que le ayude a sentir mucho.

La Luna en Géminis le inspirará para ser el primero en comunicar sus pensamientos y luego hacer el resto. No tiene miedo de sus ideas locas. Al contrario, cuanto más raro y salvaje sea, más se sentirá atraído por una persona, como una verdadera Luna en Géminis. Estos sentimientos podrían compartirse mejor con una persona con Luna en Sagitario.

Por el contrario, una Luna en Géminis es menos compatible con un signo lunar de tierra. El signo de tierra probablemente querrá quedarse donde está, con toda la comodidad del mundo. Sin embargo, la Luna en Géminis siempre está dispuesta a conquistar la próxima aventura.

En el terreno romántico, la Luna en Géminis y una Luna en Capricornio podrían pasar por su día de desfase, su Luna le hará mirar hacia otro lado cuando la Luna en Capricornio le recuerde constantemente que debe ser más serio.

Géminis como signo solar y los diferentes signos lunares

Sol en Géminis + Luna en Aries

Esta combinación es un individuo de mentalidad fuerte, seguro de sí mismo y de respuesta rápida. Sabe lo que quiere, y lo gritará para que el mundo escuche exactamente lo que es. El fuego se apodera de estos momentos, y es emocional y comunicativamente ardiente.

Tiene una fijación con la acción, aunque esa fijación puede hacer que cambie sus objetivos cada dos meses debido a la cualidad de su signo de ser mutable. Los Gemelos ven esto en su homólogo de fuego y están completamente encantados de perseguir continuamente ese cambio de mentalidad.

Sol en Géminis + Luna en Tauro

Es muy paciente y su Luna en Tauro hace que sea probable que se lo piense dos veces antes de decidirse. Se diferencia completamente del predecesor del toro, Aries. La Luna en Tauro suele mostrar una fuerza de tierra firme y se complementa muy bien con Géminis.

Estos dos signos aportarán una fuerza equilibrada a su vida porque la Luna en Tauro hace que los gemelos se pongan en marcha y hagan lo que hay que hacer. Los gemelos también hacen que el toro se comunique más sanamente, ya que Tauro puede ser alguien que se cierra a los demás.

Sol en Géminis + Luna en Géminis

Esta combinación podría presentarle problemas. Tiene dos conjuntos de gemelos: Cuatro personas, cuatro almas y cuatro opciones, si piensa en ello. Puede ser un desafío, ya que llevarán todo a niveles extremos.

Un signo de aire doble vuela en torno a sus sentimientos y los comunicará de forma intensa, pero tranquila. La dificultad aquí es que evitará sentir. Para usted, es más fácil hablar, dibujar y materializarlo que atravesar cada una de sus emociones por completo.

Sol en Géminis + Luna en Cáncer

Un verdadero Géminis ama su independencia. Cuando los Géminis se combinan con la Luna en Cáncer, se interesan repentinamente por los demás, generalmente por los más cercanos. Cáncer comienza a empatizar con los demás, algo que antes le costaba hacer, y su Géminis aprenderá que hay más espacio para las emociones si solo se lo permite.

Esta combinación aporta algo mágico al aire, ya que se comunican bien, y trabajan juntos activamente para que la vida sea menos seria y se sienta con mucha más paz.

Sol en Géminis + Luna en Leo

¿Protagonismo? Pueden luchar por él o compartirlo. Géminis y Leo deciden hacer lo segundo: lo comparten todo. Como resultado, se hacen oír en todo lo que ocurre en la vida. No puede hacer algo tranquilo para que solo lo disfrute usted. Necesita comunicarlo, y lo hace de forma viva y a la vez llamativa.

Leo es muy leal a todo el mundo, y Géminis tendrá que aprender sobre esta relevante característica, especialmente cuando tiene dos opciones a considerar.

Sol en Géminis + Luna en Virgo

Si Géminis son los gemelos, Virgo es la madre que siempre está cuidando a sus hijos. Virgo tiene una personalidad meticulosa, lo que hace que se sienta así, algo nuevo para usted.

Hace que los demás se prueben a sí mismos antes de sentirse lo suficientemente relajado y confiado como para hacerle saber que es digno de sus ideas. Además, suele guardarse para sí mismo lo que realmente siente, ya que valora el secreto.

Sol en Géminis + Luna en Libra

Ambos son signos de aire que aman y se sienten a gusto cuando comunican lo que sienten. Por ello, Géminis se siente más relajado y confiado ahora que Libra escucha las ideas de los gemelos. A nivel emocional, a Libra le encanta la exclusividad que le proporciona Géminis.

Esta combinación le da ganas de charlar. Es ese amigo que siempre está hablando pero que tiene cosas muy interesantes que decir. Sin embargo, también es consciente de que el silencio no tiene precio, y es consciente del poder que hay detrás de sus frases concisas.

Sol en Géminis + Luna en Escorpio

Esta combinación tiene que ver con seguir su intuición. A veces competirá consigo mismo cuando intente leer a otra persona. "¿Serán acertadas mis observaciones?" es una pregunta que se hace a menudo.

Sabe cómo poner límites, especialmente cuando su libertad se ve comprometida. No tiene miedo de decir lo que piensa, pero pedirá amablemente a los demás que naden en sentido contrario si no ven su punto de vista.

Sol en Géminis + Luna en Sagitario

Si sus amigos tienen ganas de salir de viaje, le llamarán. El fuego que sale de Sagitario es más bien una llama noble que está en constante movimiento. Alimentará la naturaleza inquisitiva de los gemelos con su lado aventurero.

Quiere hablar con los demás y quiere que los demás hablen con usted. Es muy abierto de mente y le gusta estar con los demás. Sus niveles de optimismo son a veces exagerados, pero intentará hacer lo mejor que pueda para lograr sus sueños, y a menudo tiene mucha suerte.

Sol en Géminis + Luna en Capricornio

A la Luna en Capricornio le gusta la consistencia y la estabilidad emocional, algo de lo que se sabe que Géminis carece. Podrían beneficiarse de sus diferentes energías, aunque siempre tendrán una constante batalla interior. Es como si estuvieran atascados y no supieran hacia dónde ir la mayor parte del tiempo.

Aun así, este signo de tierra permitirá a los gemelos sentirse más conectados con el mundo; de ahí que se les ocurran ideas realmente controvertidas porque están aprendiendo a conciliar su lado salvaje y aventurero con su forma de ver la vida con los pies en la tierra.

Sol en Géminis + Luna en Acuario

Esta es otra doble pareja de signos de aire. Una persona nacida con esta combinación lucha por sus ideales. No se sientan a ver cómo el resto del mundo lo asume; quieren iniciar una revolución.

Sin embargo, la Luna en Acuario le dará una visión más holística de la vida, en la que sus compañeros se unen para hacer del mundo un lugar mejor. En general, es muy apasionado y no teme mostrar sus emociones.

Sol en Géminis + Luna en Piscis

Es un artista porque tiene una combinación muy creativa. La Luna en Piscis permitirá a Géminis nadar a través de sus ideas y llevarlas a la orilla para convertirlas en una realidad.

Géminis también permitirá que Piscis le muestre el camino, algo único para los gemelos, ya que están acostumbrados a tomar la iniciativa la mayor parte del tiempo. Una persona con estos signos siempre encuentra una forma impactante de compartir lo que siente.

Capítulo 4: Luna en Cáncer

Símbolo: El cangrejo

Elemento: Agua

Cualidad: Cardinal

Casa gobernante: Cuarta

Planeta regente: Luna

Breve explicación de la Luna en Cáncer

La Luna en Cáncer significa que es muy sensible y que sigue su intuición desde una edad temprana. Como signo cardinal, sabe que es el principio de algo. Es el que inicia los cambios para que otros los sigan rápidamente.

Sin embargo, a menudo se le considera un individuo distante, principalmente porque prefiere mantener su intimidad para sí mismo, y a menudo se le malinterpreta.

La Luna en Cáncer hará que se sienta profundamente preocupado por sus seres queridos, y tenderá a encerrarse en sí mismo antes de que una nueva persona intente incorporarse a su vida.

Como Luna en Cáncer, sabe cómo fluir incluso entre las situaciones más difíciles que la vida le ha puesto en el camino. Es la Luna la que le rige, y ella también gobierna el elemento agua.

Siempre se guía por lo que se siente bien, y sigue su intuición pase lo que pase, aunque los demás le digan que corra en dirección contraria.

Pero esto también puede significar que se ha vuelto intolerante a la forma en que los demás perciben la vida, y ni siquiera se lo hará saber. Se alejará, a su manera. Lo hace porque prefiere evitar el conflicto; cree que es innecesario, especialmente cuando se centra en otras cosas más importantes.

La Luna en Cáncer y sus rasgos de personalidad

Puntos fuertes de la Luna en Cáncer

Es protector con los demás y consigo mismo

Generalmente es muy protector de sus seres queridos, de sus sentimientos personales e incluso de sus decisiones. Casi parece que deliberadamente no le cuenta a nadie más lo que está pasando, ya que es la única manera de sentirse protegido sin que alguien le quite la suerte.

También le preocupan en exceso sus seres queridos. Ser un signo cardinal significa que Cáncer marca el camino a otros signos que pronto le seguirán. En este sentido, piense en ellos como en un hermano o hermana menor que siempre le admira.

Valora la bondad

La Luna en Cáncer hace que esté dispuesto a ayudar a los demás siempre que lo necesiten. Es simpático y amable, y siempre está dando, sin pedir nada a cambio.

Además, la Luna en Cáncer es muy sensible y, a menudo, es consciente de los sentimientos y las dificultades de los demás.

Es curioso por naturaleza

La Luna en Cáncer suele significar que entrará en una habitación llena de extraños e inmediatamente comenzará a investigar quién es quién, qué hace, por qué está allí y cómo puede conectar con usted.

Es como si su mente fuera a lugares desconocidos, tratando de descifrar qué o quién es importante. Esta curiosidad también le llevará a convertirse en un explorador del mundo, aunque prefiera explorar más cerca de casa, donde todavía se siente en su zona de confort.

Está atento a los demás

Una persona perteneciente a la Luna en Cáncer no quiere un "no" por respuesta. Esto es visible cuando esta Luna se dirige a ofrecer a sus invitados comida, bebidas y una noche divertida. Le agrada compartir todo lo que tiene con los demás solo para que se sientan tan afortunados como usted.

Valora sus elecciones y defenderá su derecho a tenerlas, aunque sean problemáticas.

Debilidades de la Luna en Cáncer

Se guarda las cosas para sí mismo

Incluso si esto significa que otros le han hecho daño, lo más probable es que nunca le diga a la persona que le hizo daño cómo le hace sentir. La Luna en Cáncer es una persona que prefiere ser reservada en cuanto a sus sentimientos genuinos, y esto, por supuesto, puede pasarle factura.

La Luna en Cáncer está acostumbrada a reprimir las emociones. Lo hace para protegerse y proteger a los demás de entrar en conflicto. Sin embargo, debe recordar que comunicarse con los demás sobre cómo y por qué se siente de cierta manera ayudará a una Luna en Cáncer a sanar.

Es demasiado sentimental

La Luna en Cáncer puede sentir muchas cosas al mismo tiempo. Ni siquiera sabe por dónde empezar y cómo gestionar todos esos sentimientos. La Luna en Cáncer sabe que necesita trabajar en su sentimentalismo para superar los viejos problemas internos que pueda tener.

No es que una persona no deba ser sentimental, pero es que una Luna en Cáncer lleva esta característica a niveles extremos. Termina siendo codependiente de los demás, lo que le lleva a más frustraciones cuando la otra persona no se comporta como el cangrejo espera que se comporte.

Piensa demasiado

Los cangrejos perciben aún más. Parece que todos sus sentidos están a pleno rendimiento y se conectan con el mundo exterior. Puede sentir energías desde muy lejos. Sabe cuándo sus amigos están tristes o cuando los desconocidos están pasando por un momento difícil. Puede sentir a los demás.

Como resultado, piensas demasiado en las cosas que conciernen a otras personas. Navegará constantemente por los problemas de otra persona si cree que puede ofrecer su ayuda o aliviarlos.

Se frustra con facilidad

La Luna del cangrejo es la primera que se frustra cuando algo no sale como quiere. Continúa comunicando lo que siente, y hasta que no llegue a ese punto, no tendrá en cuenta a los que no están en la misma longitud de onda que usted.

Como individuo bajo este signo lunar, sabe que necesita mejorar sus habilidades de comunicación. Sin embargo, le costará expresar sus opiniones, especialmente cuando se trata de una nueva relación o de hacer nuevos amigos.

La Luna en Cáncer y su compatibilidad amorosa

La Luna en Cáncer es alguien que valora su independencia, siente todo y piensa demasiado en su vida y en la de sus seres queridos. Independientemente de su ubicación solar o lunar, este signo de agua suele tener compatibilidad amorosa con otros signos lunares de aire (Acuario, Géminis, Libra) o con signos lunares de tierra (Capricornio, Tauro, Virgo).

Como Luna en Cáncer, desea compartir sus miedos más profundos sin sentirse juzgado. Busca a alguien como Libra, que le aporte equilibrio a su vida y le muestre otra visión de la misma.

La Luna en Cáncer necesita ver las perspectivas de otras personas, o se verá demasiado consumida por su mente. Un Libra aportará el aire que tanto necesita el cangrejo, algo esencial, ya que ayuda a que el agua fluya.

La Luna en Cáncer es la que busca primero la compasión y la comprensión cuando solo conoce a alguien. No tiene miedo de abrazar sus sentimientos, lo que significa que se siente lo suficientemente cómodo con sus verdaderos colores.

Sin embargo, la Luna en Cáncer es menos compatible con la Luna en Piscis porque ambos son signos de agua. Demasiada agua puede provocar una inundación excesiva, y esto podría traducirse en una persona demasiado intensa que es muy apasionada, pero que aún está tratando de descubrir quién es. Cuando dos signos de agua están juntos, es como si se convirtieran en uno. Ya ni siquiera son conscientes de sus diferencias internas porque se reflejan en todo lo que hacen y están de acuerdo entre sí.

Cáncer como signo solar y los diferentes signos lunares

Sol en Cáncer + Luna en Aries

Esta combinación crea personas profundamente sensibles que a veces luchan por saber hacia dónde dirigir sus fuerzas. Cuando su Luna en Aries aparece en Cáncer, se concentra demasiado en los detalles en lugar de ver el panorama general.

También suele depender de los demás. De este modo, se ayuda a sí mismo a descubrir quién es, basándose en lo que la otra persona piensa de usted. No le importa saltar de un sentimiento a otro, lo que podría traer mucha frustración o momentos difíciles, especialmente cuando Aries, un signo de fuego, sigue empujando a un meloso Cáncer.

Sol en Cáncer + Luna en Tauro

Esta mezcla tiene algo muy especial a su alrededor. Como resultado, es un individuo muy centrado que busca nutrir y cuidar a los demás. Le encanta la atención, pero se siente perfectamente bien cuando el centro de atención está en otra persona.

Este signo de tierra puede hacer que su cangrejo sienta la necesidad de emprender emocionantes aventuras por todo el mundo, a sabiendas de que ya ha construido un hogar estable al que podrá volver en breve.

Sol en Cáncer + Luna en Géminis

A el cangrejo le encanta su relación de dependencia con los demás, las situaciones o los sentimientos. Sin embargo, si está en combinación con los gemelos, lo más probable es que su cangrejo se sienta impulsado a ser independiente y a forjar su camino. No tiene miedo de profundizar para descubrir sus emociones más oscuras.

Sin embargo, también se esforzará por comunicar lo que siente porque sabe que ambos signos pueden trabajar juntos para hacer su vida más fácil. Ya no es solo blanco y negro; hay muchos más colores para elegir.

Sol en Cáncer + Luna en Cáncer

Un doble Cáncer tiene el riesgo constante de ahogarse, a pesar de saber nadar. Tiene tanta energía acuosa que sentirá la necesidad de tener más y más agua, solo para adentrarse dentro de un camino emocional.

Siente lo que sienten los demás, y esto podría traerle muchas situaciones incómodas. Un doble Cáncer lucha cuando es el momento de decir "no", ya que está demasiado ocupado tratando de prevenir los problemas.

Sol en Cáncer + Luna en Leo

Una persona con esta combinación es alguien muy relajado y con una llama interior difícil de apagar. Necesita sentirse seguro, aunque también explorará nuevas áreas fuera de su zona de confort.

El cangrejo tiene un fuerte caparazón que se consume lentamente cuando Leo está cerca. Esto le hace pasar por muchos procesos que le permiten crecer y hacerse más fuerte que nunca.

Sol en Cáncer + Luna en Virgo

Este Cáncer es selectivo con las personas que se le acercan. Se asegurará de que ellas también lo sepan, ya que no aceptará a una nueva persona solo por ser amigo de un amigo. Lo intentará muchas veces para ver si son dignos de su confianza.

Pero cuando este Cáncer conoce a sus amigos y familiares más cercanos, Virgo se asegura de protegerlos, cuidarlos y amarlos. Esta combinación le hace girar en torno a su esfera emocional y social, y no suele distinguir entre ambas.

Sol en Cáncer + Luna en Libra

El cangrejo es conocido por tener un instinto de mamá oso. Los Libra son famosos por cuidar las relaciones íntimas. Como resultado, su combinación nutrirá los puntos fuertes del otro y se asociará para superar sus debilidades. Libra equilibra las poderosas emociones de Cáncer, mientras que el cangrejo da a Libra una visión más intensa de la vida.

Usted sabe que hay dos lados en una situación, y elegirá ambos lados para poder llegar a una imagen más clara. Es emocionalmente fuerte y a la vez generoso, y siempre ayuda a los demás, pero sabe lo que vale.

Sol en Cáncer + Luna en Escorpio

Esta es otra combinación intensa, y funcionan bien juntos, principalmente debido a su similitud. Sin embargo, pasarán por momentos difíciles cuando las mareas suban por encima de sus niveles habituales.

Escorpio está emparejado con la energía masculina, mientras que Cáncer es una fuerza femenina. Considera que es el momento adecuado para desplegar estas dos energías, por lo que se muestra directo y apasionado con las cosas que ama.

Sol en Cáncer + Luna en Sagitario

Está fuertemente conectado con su niño interior. El cangrejo es el signo de la familia, y Sagitario es el que adora jugar y llevar la luz allá donde va.

A veces la gente puede preguntarse de dónde proviene, ya que no se toma demasiado en serio a sí mismo. Sabe que, para sanar los traumas del pasado, debe reírse de sí mismo.

Sol en Cáncer + Luna en Capricornio

Cáncer es conocido por ser sentimental, mientras que Capricornio no solo huye de sus emociones, sino que es efusivo con sus sentimientos. Por un lado, Capricornio puede dejar que Cáncer mantenga un ritmo más aterrizado en sus emociones. Por otro lado, Cáncer le mostrará a Capricornio una nueva faceta de sí mismo, la emocional.

Es consciente de su lugar en el mundo. Los resultados le estimulan y quiere ser el mejor en todo lo que hace. Tiene un verdadero sentido del legado y la lealtad, especialmente cuando sabe que la gente le admira.

Sol en Cáncer + Luna en Acuario

Cáncer y Acuario son personas independientes, pero emocionalmente estables. Esta combinación hace que se mantenga emocionalmente distante cuando siente que algo puede ser extraño en una situación. Además, confía en su naturaleza instintiva para tomar decisiones importantes, y suele funcionar bien a su favor.

Acuario es un signo de aire, por lo que Cáncer suele sentirse más a gusto cuando ayuda a los demás. Esta combinación es el equilibrio perfecto entre el servicio y la fidelidad a uno mismo.

Sol en Cáncer + Luna en Piscis

Todas las combinaciones dobles de signos de agua son intensas, pero esta lleva la intensidad a un nivel completamente nuevo. Esta combinación puede traducir diferentes energías en segundos. Es casi un psíquico cuando nace bajo estos dos signos.

Es muy intuitivo, y necesita mantener sus signos en equilibrio para liberar la vieja energía llevada a cabo por el empático Cáncer.

Capítulo 5: Luna en Leo

Símbolo: El león

Elemento: Fuego

Cualidad: Fijo

Casa gobernante: Quinta

Planeta regente: El Sol

Breve explicación de la Luna en Leo

Leo suele ser considerado uno de los signos más inteligentes y con los pies en la tierra. Son líderes naturales y están acostumbrados a que los demás sigan su camino.

Como tiene la Luna en Leo, suele ser el primero en lanzarse a un territorio desconocido, y lo hará con gusto y con una sonrisa en la cara. Le atrae el peligro porque es consciente de su fuerza interior.

Como Leo, le encanta protegerse a sí mismo y a sus seres queridos. Se le conoce por su fuerza, pero siempre se muestra su vulnerabilidad. Como se espera de un signo de fuego, Leo, el león, ruge y escupe fuego y no puede contenerlo.

El León necesita sentir la atención de todo el mundo, o tendrá una rabieta tratando de demostrar su valía. Sin embargo, es muy leal y se quedará con sus verdaderos amigos en los momentos más difíciles sin hacer preguntas.

Además, si desea permanecer activo, debe ser un Leo. Si quiere animar a los demás y hacer que se sientan fuertes, posee la Luna en Leo. Son los animadores del zodíaco.

Los leones también son conocidos por su temperamento dramático, pero en lugar de alejar a la gente con esto, cada vez más individuos se sienten atraídos por su personalidad.

La Luna en Leo y sus rasgos de personalidad

Puntos fuertes de la Luna en Leo

Es líder del mundo

La Luna en Leo es alguien a quien le gusta liderar a los demás con paciencia. Los demás suelen adorarle porque representa posibilidades distintas, ya que los leones siempre tienen una respuesta.

La gente se siente atraída por la Luna en Leo casi de inmediato porque perciben su liderazgo natural, pero también porque se preocupa genuinamente por los demás.

Tiene mucha confianza en sí mismo

La Luna en Leo hace que se conozca tan bien a sí mismo que incluso celebre sus debilidades. Sabe que ha tenido que recorrer ese camino para convertirse en una persona feroz, fuerte y más independiente que nunca.

Los leones son conocidos por sus altos niveles de confianza en sí mismos, algo que han construido a lo largo de toda su vida. Si dicen que pueden hacer algo, es porque son excelentes en ello. No hay término medio con una Luna en Leo.

Sabe su valor

Además de tener una fuerte confianza en sí mismo, la Luna en Leo le hará saber lo valioso que es. Usted es el que hace que un equipo se mueva; después de todo, está representado por uno de los animales más rápidos de la Tierra.

La Luna en Leo sabe cómo hablarle al mundo, pero también sabe cómo hacer que el mundo le hable a él. Todo lo que hacen se basa en lo valiosa que puede ser esa información o situación en su vida.

Es lo suficientemente valiente como para ser admirado por los demás

Los leones son, sin duda, el signo más valiente del zodiaco. Es una segunda naturaleza para usted. Nunca se paralizará ante el peligro. Al contrario, probablemente lo mirará directamente a los ojos y dirá: "Te estaba esperando".

La Luna en Leo también sabe cuándo pedir perdón y hace que se disculpe cada vez que ha herido a otra persona.

Debilidades de la Luna en Leo

Es un individuo obstinado

Es el primero en afirmar que tiene razón y que todos los demás están equivocados. Como signo fijo, también le cuesta ver más allá de sus narices. Según usted, sus ideas merecen atención y los demás deben respetarlas.

En consecuencia, se obsesiona y defiende obstinadamente sus ideales hasta el final. La Luna en Leo suele ser una persona que luchará sin cesar. Incluso si se equivoca, intentará hacer cambiar de opinión a la otra persona.

Disfruta luchando con los demás

Solo porque es consciente de su fuerza, también sabe que la gente le tiene miedo, así que utiliza esto como una ventaja y lucha agresivamente por lo que cree. Las personas con Luna en Leo son demasiado orgullosas y seguirán luchando solo porque "ya habían empezado a luchar en primer lugar".

También se coloca a sí mismo por encima de los demás. No significa que se crea mejor que el resto, pero se encargará de que todo el mundo sepa quién manda y, cuando luche, obtendrá la admiración de su oponente.

Le encanta ser el centro de atención

Parece que nunca se cansa de la atención. Esto podría ser una debilidad, especialmente cuando la Luna en Leo es demasiado egocéntrica y comienza a mostrar sus conocimientos, su fuerza o su forma de ser.

Parece que sabe que el resto del mundo tiene una perspectiva inútil comparada con la suya. Lo sabe todo; de ahí que necesite mostrar sus conocimientos a los demás. Estar en el punto de mira es solo una forma de hacerlo.

Es inseguro y lo oculta

Se le da bien ocultar su inseguridad, por lo que siempre saltará a la palestra. Es posible que la Luna en Leo parezca una persona segura de sí misma, y realmente lo es hasta cierto punto, pero cuando una Luna en Leo no sabe algo o no tiene ni idea de un tema, hará que sus inseguridades fluyan rápidamente.

La Luna en Leo encuentra seguridad en los demás. Si alguien le hace un cumplido, debe significar que está haciendo algo bueno. Si nadie le dice nada, inmediatamente empezará a pensar que hay algo raro.

La Luna en Leo y su compatibilidad amorosa

La Luna en Leo es alguien que se siente en la cima del mundo todo el tiempo. También es alguien que sabe lo rápido que debe correr para atrapar a su presa. Independientemente de la ubicación de su Sol o Luna, este signo suele tener compatibilidad amorosa con otros signos lunares de fuego (Sagitario, Aries) o de aire (Acuario, Géminis, Libra).

La Luna en Leo necesita a alguien que pueda hacer fuego con ellos o, al menos, propagar sus llamas. Tienen la fuerza de un león, y necesitan una pareja que pueda seguir su impulso interior, pero que nunca compita contra ellos por el protagonismo.

Si usted tiene la Luna en Leo, es probable que luche por el amor de su amante, incluso si ya le ha dicho "no" como respuesta. Si no pueden estar juntos, la Luna en Leo se sobrepondrá a esto y hará que la relación se lleve a cabo.

La Luna en Leo es la que busca el amor a través de su posición sexual superior, especialmente cuando está comenzando una nueva relación. Es consciente de su sensualidad, por lo que para usted es perfectamente aceptable mezclarse con alguien que sea tan sensual como usted. De lo contrario, su conexión se desvanecerá pronto. La Luna en Leo es muy compatible con Géminis, especialmente cuando ambos comparten lo que sienten y lo que quieren.

La Luna en Leo es menos compatible con la Luna en Cáncer. El signo de fuego probablemente querrá explorar no solo el mundo, sino también el universo entero si es posible. Mientras tanto, el signo de agua estará encantado de quedarse en casa, explorando su interior. La Luna en Cáncer también pensará probablemente que Leo es extravagante y alguien que no sabe guardarse las cosas para sí mismo. Como ya es sabido, el signo de Cáncer ama su intimidad.

Leo como signo solar y los diferentes signos lunares

Sol en Leo + Luna en Aries

Es usted, sin duda, un individuo fogoso. Le encanta amar, pero también ama la independencia más de lo que le permite su relación con la Luna en Aries. Debido a esto, la Luna en Aries hará que se mantenga alejado de los demás.

Sin embargo, debe trabajar duro para establecer sus relaciones con límites saludables, o puede correr el riesgo de quemar todo—metafóricamente hablando—en poco tiempo.

Sol en Leo + Luna en Tauro

Un minuto está esperando pacientemente, y al siguiente, está tratando de huir de todo. Usted siempre está empujando en dos direcciones diferentes sin saber realmente hacia dónde necesita dirigir sus energías. Ambos son signos fijos, y esto es visible a kilómetros de distancia.

La Luna en Tauro es una persona intensa y obstinada. Esta combinación le convierte en alguien que se esfuerza por olvidar, pero no puede hacerlo. Debido a esto, siempre recordará a quien ha herido sus sentimientos.

Sol en Leo + Luna en Géminis

Usted comunica, con detalles explícitos, lo que siente sobre absolutamente todo en la vida. También es usted quien dice a los demás lo que tienen que hacer, aunque no le hayan pedido su opinión.

Tiende a analizarlo todo en exceso. A menudo luchará consigo mismo porque, por un lado, tiene la Luna en Géminis, que le dice que es intelectualmente capaz de todo. Por otro lado, es usted el león, que siempre está dispuesto a lanzarse, independientemente de su falta de habilidades o conocimientos.

Sol en Leo + Luna en Cáncer

Esta combinación puede ser una lucha desde el primer día. Se puede argumentar que Leo es un signo muy fogoso, sin miedo al daño. Mientras que la Luna en Cáncer es algo emocional y tiene miedo a muchas cosas. Uno es fuego y el otro es agua, así que cada vez que el fuego sale a relucir, el signo de agua le dice con gusto que se vaya por donde ha venido.

Aun así, no todo es negativo con su combinación, porque son emocionalmente inteligentes cuando es necesario. También son los que aman a los demás pase lo que pase, ya que ambos signos están abiertos a propagar su amor.

Sol en Leo + Luna en Leo

Piense en cómo se comporta, probablemente es un individuo poderoso física, mental o espiritualmente que no teme decir lo que piensa. Ahora, piense en un doble Leo. ¡Usted es fuego!

Un doble Leo significa que es creativo, feroz, valiente, alegre y dramático. Necesita estar en constante movimiento, por lo que siempre practicará o aprenderá algo nuevo. Para llenar sus niveles de energía, se adentra en territorios desconocidos.

Sol en Leo + Luna en Virgo

Una persona con esta combinación suele ser alguien capaz de enviar llamas de amor a sus seres queridos, incluso a distancia. Son los que siempre le harán sentirse como en casa, aunque lleve años sin verlos ni hablar con ellos.

Como se trata de esta combinación, esperará hasta que esté preparado para hablar de sus sentimientos. Una vez que los comparta, lo hará de forma muy dramática.

Sol en Leo + Luna en Libra

Aunque los Leo no lo parezcan, son individuos muy románticos a los que les encanta tener compañía. Son las mariposas sociales del zodiaco, aunque en versión león. Cuando se tiene la Luna en Libra, también se puede experimentar la necesidad de estar rodeado de otras personas.

A veces puede parecer que nunca puede ser usted mismo. Incluso cuando otros están en su presencia, usted seguirá anhelando más compañía. Sin embargo, es primordial que preste atención a los demás y que a veces se olvide del resto del mundo por un minuto o dos.

Sol en Leo + Luna en Escorpio

Esta persona tiene dos signos muy fuertes, pero diferentes. La Luna en Escorpio suele ser alguien intenso y serio, y Leo es siempre el alma de la fiesta. El verdadero truco de esta combinación es no eclipsar nunca al otro.

A esta combinación le gusta controlar las cosas, incluso si eso significa que se adentrarán en una madriguera tratando de encontrar respuestas. Tiene preguntas y quiere descubrir la verdad.

Sol en Leo + Luna en Sagitario

Pasarlo bien es su segundo nombre. Así de sencillo. En serio, es una de las personas más divertidas del planeta. Le encanta pasar un buen rato y no tiene miedo de reírse de sí mismo.

Leo siempre querrá mantener las cosas simples en su mundo dramático, pero la palabra simplicidad podría diferir de una persona a otra. Tener la Luna en Sagitario también le hará sentirse más tranquilo porque el arquero es menos dramático que su compañero del signo fuego, Leo.

Sol en Leo + Luna en Capricornio

Tiene la necesidad de ayudar a los demás. Inmediatamente lo dejará todo y acudirá a rescatar al resto del mundo en un abrir y cerrar de ojos. Leo tiende a centrarse en sus relaciones, y aunque Capricornio no suele ser el que dice: "Me importas", es el que actúa primero.

Tener la Luna en Capricornio significa que Leo se centrará en su interior, y su viaje será seguramente muy emocional e intenso. Para ello, contará con su capacidad de levantarse de nuevo, sin importar cuántas veces sea necesario.

Sol en Leo + Luna en Acuario

Estos dos signos son directamente opuestos en la tabla del zodiaco. Se equilibran mutuamente, pero también empujan al otro a salir de su zona de confort y a ver más allá de sus narices.

Tener la Luna en Acuario significa que Leo está listo para dejar que sus emociones se dispersen por un tiempo. No se ponen emocionales todo el tiempo, aunque pueden sentir que su fuego está listo para estallar y esparcirse gracias al signo de aire.

Sol en Leo + Luna en Piscis

A Leo le encanta estar en el centro de la tormenta. Afortunadamente como signo de fuego, tener la Luna en Piscis significa que puede dirigirse a ese lugar, o puede desaparecer completamente bajo el agua.

Tiene una personalidad mucho más suave. Es un individuo muy sensible que empatiza con los demás. Sin embargo, todavía tiene una batalla interna que librar. ¿Quién va a ganar, el agua o el fuego?

Capítulo 6: Luna en Virgo

Símbolo: La virgen

Elemento: Tierra

Cualidad: Mutable

Casa gobernante: Sexta

Planeta regente: Mercurio

Breve explicación de la Luna en Virgo

Una persona con Luna en Virgo es alguien que investiga meticulosamente los detalles más finos de la vida. Son muy trabajadores, ya que siempre están concentrados en su trabajo, pero también son los mejores defensores de la humanidad.

La Luna en Virgo le convierte en el individuo familiar en el que pensó que nunca se convertiría. Pedirá a los demás que lo visiten y los hará sentir parte de su familia. Siempre prestará atención a sus necesidades, deseos y estilo de vida, aunque esto podría significar que se olvide de sí mismo ocasionalmente.

Los Virgo son los que juegan según las reglas, así que con esta Luna es imposible dejar las cosas al azar. Desea estar presente en todo, y si puede hacer que algo suceda, será una excelente noticia. Incluso en medio de una derrota, seguirá diciendo que fue una espléndida oportunidad para aprender algo nuevo.

Sin embargo, la Luna en Virgo puede ser dura siempre que lo necesite. La gente sabe que no debe meterse con usted, o la pondrá gustosamente en la "lista" de personas que le han hecho daño. Sin embargo, la Luna en Virgo suele ser una persona irremediablemente romántica. Puede que no sea muy expresiva, pero mostrará sus sentimientos a su manera.

La Luna en Virgo es alguien que organiza su caos. El término caos es relativo, y los Virgo son conocidos por estar en la custodia de todo. Por lo tanto, no hay lugar para ser una persona caótica.

Tiene un fuerte instinto maternal o paternal, y se asegurará de que la gente sepa cómo se siente. El planeta Mercurio, el mismo que rige a Géminis, rige a Virgo, por lo que se espera que le guste comunicarse de forma clara y concisa como Luna en Virgo.

La Luna en Virgo siempre buscará el lado no tan brillante, pero esto no significa que no sea amable. Suelen ser individuos muy dulces. Les encanta ayudar a los demás, y harán todo lo posible para asegurarse de que los demás estén bien.

Pero este es un signo mutable, por lo que siempre está buscando formas de transformarse a sí mismo y a las situaciones en las que se encuentra. La Luna en Virgo necesita tener el control todo el tiempo.

La Luna en Virgo y sus rasgos de personalidad

Puntos fuertes de la Luna en Virgo

Ayuda a todos los que puede

La Luna en Virgo no puede detenerse, cuando ve a alguien que necesita ayuda, es la primera en ofrecérsela o incluso en intervenir y actuar sin más.

Tiene un sexto sentido con el que puede sentir cuando otra persona necesita ayuda, y está ahí para darle esa mano amiga. Si está en su poder, la Luna en Virgo siempre ayudará a los demás.

Puede adaptarse a diferentes situaciones

Nunca le hará la pregunta "¿Por qué a mí?". Aceptará la situación y pasará rápidamente de ella. Una persona de Virgo puede adaptarse a cualquier forma, y normalmente saldrá más fuerte que nunca.

Por ello, es común ver a la Luna en Virgo con varios trabajos o muchos hijos. Necesita este "caos", solo porque necesita limpiar el desorden que viene después. Aunque no le guste admitirlo, le encanta tener el control de todo.

Desarrolla poderosas conexiones

La Luna en Virgo es una figura maternal. Por ejemplo, piense en una abuela que siempre le da más comida, aunque usted se haya negado cortésmente mil veces. Sin importar su género, la Luna en Virgo es esa abuela. Si lo cuidan, siempre le pedirán que coma más, que beba más y que duerma más.

Como Luna en Virgo, sus seres queridos y amigos más cercanos se sienten conectados con usted porque es consciente de su figura maternal o paternal.

Puede comunicarse eficazmente

Mercurio rige a Virgo, por lo que van a ser hábiles oradores. En general, también son grandes comunicadores y a veces entablarán largos monólogos sobre algo que les llame la atención.

Aunque, a menudo, como Luna en Virgo, tendrá problemas para comunicar lo que siente. Tratará de evitar descaradamente sus emociones más profundas porque tiene miedo de que la otra persona no las entienda.

Debilidades de la Luna en Virgo

Reacciona de forma exagerada, ante todo

Como Luna en Virgo, es probable que llame anaconda a una pequeña serpiente porque, para usted, puede serlo. Habitualmente usted reacciona de forma exagerada ante todo lo que sucede en su vida. Pero no lo hace por maldad; lo hace porque se siente responsable de sí mismo y de los demás.

Aun así, las situaciones difíciles podrían ser sin duda explotadas por una Luna en Virgo, solo porque son demasiado tercos para calmarse y ver la vida tal como es.

No puede descansar

La Luna en Virgo puede ser hiperactiva a veces. Se sentirá completamente cansada, pero aun así ayudará a los demás, o limpiará la casa o conseguirá un nuevo trabajo.

Además, no es solo a nivel físico. La Luna en Virgo tampoco puede descansar su mente, ya que Mercurio le hace querer comunicar todo constantemente. Casi parece que tienen un narrador interior que siempre le está diciendo cosas.

Duda de sí mismo constantemente

Muy probablemente debido a sus instintos maternales o paternales, la Luna en Virgo se pregunta continuamente si lo que está haciendo vale la pena o si está haciendo un buen trabajo. Constantemente duda de sus habilidades y conocimientos.

No quiere cometer errores innecesarios. Por lo tanto, cuanto más pueda evitarlos, mejor, aunque a veces esto signifique que no pueda hacer las cosas que le gustan, principalmente por sus dudas.

Tiene comportamientos compulsivos

Si la Luna en Virgo tiene que lidiar con un problema serio, podría ser por sus comportamientos compulsivos. Son los que se quedarán hasta tarde limpiando o limpiarán todo el lugar dos veces en un día porque se concentran demasiado en las sustancias tóxicas, en las áreas sucias y en todo lo demás.

A veces mostrará un lado egoísta porque no le importa quién debe mudarse o a dónde debe ir si su Luna en Virgo llega a su punto máximo.

La Luna en Virgo y su compatibilidad amorosa

La Luna de Virgo es alguien que valora el lugar en el que vive, siempre está comunicando a los demás sus conocimientos y piensa que debe controlar la vida, de una manera u otra. Independientemente de la ubicación de su Sol o Luna, este signo de tierra suele tener compatibilidad amorosa con otros signos lunares de agua (Piscis, Cáncer, Escorpio) o de tierra (Tauro, Capricornio).

Como Luna en Virgo, necesita a alguien que pueda pisar un terreno común con usted, que le ayude a avanzar hacia la realización de sus objetivos y que no tenga miedo de hacer limpieza cuando sea necesario.

De hecho, como Luna en Virgo, es probable que limpie hasta el fin del mundo, ya que no puede quedarse quieto mientras su entorno está desordenado. Es tan obstinado en esto que ni siquiera le importará perder amistades en el camino si se mantiene comprometido con la verdad.

La Luna en Virgo busca comprensión y apoyo. Usted duda de sí mismo, por lo que una persona de Piscis puede ofrecerle a Virgo estabilidad y confianza. Esta pareja de enamorados podría ir a la Luna y volver juntos, especialmente cuando ambos se permiten conocerse a niveles más profundos.

La Luna en Virgo es menos compatible con la Luna en Aries. El signo de fuego probablemente querrá viajar por el mundo o explorar nuevas culturas, mientras que la Luna en Virgo querrá explorar su zona de confort, independientemente de que a Aries le guste.

Virgo como signo solar y los diferentes signos lunares

Sol en Virgo + Luna en Aries

Si estos dos signos se combinan, es probable que le hagan olvidarse de sí mismo la mayor parte del tiempo. Podría haber una lucha constante entre la Luna en Aries y el Sol en Virgo porque no pueden mantenerse centrados en sus necesidades personales.

Además, Aries aportará llamas a la ecuación, por lo que su Sol en Virgo puede llegar a ser hipócrita con los demás y consigo mismo. Le gusta ser libre para elegir lo que quiere, pero coacciona esa libertad sobre los demás.

Sol en Virgo + Luna en Tauro

Se esfuerza por desvelar los misterios y siempre está leyendo la letra pequeña. Por naturaleza, es la definición perfecta de lo que es un signo de tierra: Tiene los pies en la tierra, es feliz sirviendo a los demás y siempre trabaja por sus objetivos.

Tauro dará a Virgo la fuerza para sentir sus emociones. Pero a veces, este proceso puede llevar mucho tiempo, ya que ambos signos tienden a ir a la deriva, pero a un ritmo constante. Como signo de tierra doble, tiene los pies en la tierra y es el mejor amigo de todos porque le admiran de verdad.

Sol en Virgo + Luna en Géminis

Virgo es la madre del resto de los signos del zodiaco, y la Luna en Géminis es alguien a quien le gusta ser madre. Estos dos combinados a menudo luchan con ser a la vez independientes y depender de los demás.

Necesitan comunicar lo que sienten todo el tiempo, y suelen ser excelentes narradores, especialmente cuando hablan de sentimientos. Sin embargo, parece que todavía tiene un largo camino por delante para permitirse sentir, en lugar de describirlo todo.

Sol en Virgo + Luna en Cáncer

Esta combinación de Virgo es alguien que siente amorosamente con su corazón y su mente. Tienen una interesante mezcla entre ser muy sensibles (gracias al cangrejo) y muy mentales (gracias al signo de tierra).

Debido a esto, se asegurará de que todos los demás se sientan protegidos, nutridos y amados. Esta combinación gira en torno a sus esferas emocional y social, y rara vez distingue entre ambas.

Sol en Virgo + Luna en Leo

Virgo y Leo son una combinación interesante especialmente porque es una persona emocional, pero muy distante en comparación con los demás. Si tiene esta combinación, no le importa andar solo porque sabe lo que puede soportar.

La Luna en Leo es muy intensa y tiende a lanzar llamas por donde quiera que vaya. Su sentido del humor es mordaz y directo, lo cual es una cualidad admirada por muchos.

Sol en Virgo + Luna en Virgo

Si se encuentra bajo esta combinación, lo más probable es que no sepa pedir ayuda ni recibirla. Le cuesta saber que aún no puede hacer algo.

Sin embargo, es usted un signo mutable, lo que significa que pronto se da cuenta de que todo esto puede estar en su cabeza, y cambia su forma de pensar. Ahora puede hacer todo lo que se proponga. Sabe que es fuerte, y esta fuerza le hace darse cuenta de que está bien pedir ayuda a veces.

Sol en Virgo + Luna en Libra

Si tiene esta combinación, es probable que esté en una relación a largo plazo, o que prefiera estar en una relación que estar soltero. Desea asociarse con alguien, viajar por el mundo con esa persona, aprender cosas nuevas y volver a su territorio.

Venus, el planeta del amor, rige Libra. Esto es algo muy bueno para usted porque su Luna en Libra suavizará su Sol en Virgo, el que le hace callar cuando es el momento de expresar sus sentimientos.

Sol en Virgo + Luna en Escorpio

Ya sea que perciba a través de otros o solo por sí mismo, siempre parece que sabe lo que está por suceder todo el tiempo. Su Sol en Virgo se encarga de los detalles, mientras que su Luna en Escorpio le guía a través de su pensamiento y conocimiento intuitivo.

También es una persona intensa, pero puede agradecer a su Luna en Escorpio por ello. Si desea mantenerse en equilibrio, intente meditar o realizar otra técnica de relajación. Lo ideal sería que su mente dejara de nadar por ahí debido a su Luna en Escorpio.

Sol en Virgo + Luna en Sagitario

Si alguien de Virgo se autoidentifica como aventurero, este es usted. Es curioso por naturaleza y le encanta viajar, pero siempre añora su hogar. Su signo de tierra querrá llevar la iniciativa todo el tiempo, aunque su Luna de fuego es la que acaba ganando la batalla la mayoría de las veces.

Si tiene esta combinación, es probable que sea una persona muy social. Deseará ir a todas las fiestas que haya o estar en todos los lugares simultáneamente. Acostarse temprano no es algo que usted haga. Las creencias externas no limitan su independencia.

Sol en Virgo + Luna en Capricornio

Si tiene su Luna en este signo de tierra, es probable que le guste trabajar duro. Es el que siempre tiene dinero a fin de mes porque toma provisiones diariamente. Es probable que todos sus esfuerzos den sus frutos.

Además, también tiene un fuerte deseo de estabilidad, y su seguridad no depende de nadie más. Es su propio mejor amigo, lo que puede llevarle a lugares oscuros en algunos momentos si no trabaja en esas debilidades.

Sol en Virgo + Luna en Acuario

No busque una combinación de signos más cerebral. Usted es el elegido. Esto no significa que no tenga corazón; solo significa que prefiere pensar con la cabeza y, a veces, prefiere no sentir. Tal vez las emociones le hagan sentirse incómodo y evite esos lugares.

Sin embargo, se trata de una combinación interesante porque su Sol en Virgo le hace dedicarse a servir a los demás, algo que le gusta hacer. Por lo tanto, con esta combinación se preguntará constantemente: "¿Cómo puedo servir a los demás?" y "¿Cómo puedo estar solo?".

Sol en Virgo + Luna en Piscis

Si se fija en la rueda del zodiaco, Virgo y Piscis son opuestos entre sí. Gracias a esto, tiene un equilibrio interior que pocos otros signos tienen. Usted está entre las capas internas y las capas externas constantemente. Su signo de tierra siempre le dirá cómo debe sentirse, pero su signo de agua le mostrará cómo puede sentirse.

Cerciórese de que su Sol en Virgo no reseca su Luna en Piscis, o perderá su lado creativo, el que le reconecta con usted mismo. Si mantiene la calma e integra estos dos signos, probablemente se sentirá—y será—más feliz.

Capítulo 7: Luna en Libra

Símbolo: La balanza

Elemento: Aire

Cualidad: Fijo

Casa gobernante: Séptima

Planeta regente: Venus

Una breve explicación de la Luna en Libra

Si tiene la Luna en Libra, suele ser un individuo al que le gusta sentir emociones fuertes. Como signo de aire, es muy perceptivo de su entorno y sus capacidades intelectuales son superiores a las del resto.

Su día ideal es pasar tiempo con sus seres queridos, reconectando con las energías que le ayudan a formar su personalidad. Le encanta analizar sus sentimientos, pero también puede observarlos a través de una lente ecuánime.

Si ha nacido bajo este signo, le gusta centrar sus energías en los demás. Es el equilibrio que se necesita en el mundo. Sin embargo, también depende de los demás para que le equilibren.

Inesperadamente, le gusta trabajar en pareja o en grupo. Le gusta ser sociable, y cuando los demás le conocen, pronto se dan cuenta de la suerte que tienen de estar conectados con usted. No es de extrañar que le llamen el diplomático, ya que hace que todo el mundo se sienta querido.

También es diligente y ve a propósito el lado bonito de la vida, a pesar de los contratiempos que pueda experimentar a lo largo de la misma.

Con la Luna en Libra, a veces siente que está flotando constantemente, y le resulta difícil saber cuál es su lugar. De ahí que siempre termine rompiendo reglas que pueden parecerle poco convencionales; usted es la ley, así que es quien elige lo que está bien y lo que está mal.

Su Luna también lo guiará a hacer preguntas difíciles todo el tiempo. Juzgará, pero solo porque percibe más desde ambos lados.

Tiene un equilibrio emocional que otros signos duales desearían tener, e incluso en sus peores días, permanece tranquilo y centrado.

Le encanta amar a los demás. Si pudiera pasar su vida amando a la gente, lo haría. Sin embargo, también es un individuo de carácter fuerte que tiene un lado más oscuro. Es posible que sea codependiente de los demás, precisamente porque todavía está tratando de averiguar quién es usted. Es como si siempre cambiara de una cosa a otra.

La Luna en Libra y sus rasgos de personalidad

Puntos fuertes de la Luna en Libra

Sabe cómo comprometerse

Si una pareja está pasando por una situación difícil, usted es el que suele decir: "¿Cómo se puede llevar la carga por igual?". Sabe que no puede tener todo lo que quiere en la vida, sin embargo, cuanto más se desprende de las cosas, más vuelven a aparecer otras.

Se encuentra en un estado constante de compromiso. Si la familia o los amigos no saben qué elegir, es usted quien interviene, recordándoles los pros y los contras de sus decisiones. La gente acudirá a usted precisamente por ello.

Escucha con atención y eficacia

Cuando se comunica con una persona, lo hace con atención. Se sumerge en lo que le dicen y se pone en su lugar, solo para ver cómo es desde el otro lado de la habitación.

Naturalmente, los demás también se dan cuenta de esto y se interesarán más por usted. La Luna en Libra hace que todos se sientan amados, atendidos y escuchados.

Es muy relajado

No busca peleas, pero conoce la vida y sus inevitables formas de ser, así que, si surge una discusión, hará todo lo posible por mantener la calma durante la misma. A veces, la otra persona se da cuenta de esto y trata de jugar en su contra, pero su energía ecuánime verá a través de ella.

No guarda rencor contra nadie, ya que es la única persona consciente del valor de su energía. Se disculpará si lo considera necesario. Si no, se mantendrá fiel a sí mismo.

Tiene un alma creativa

Si una cosa no funciona, sabe que hay muchas otras cosas que puede hacer. Es genial en todo lo que se propone, y si no sabe algo, lo aprenderá en poco tiempo.

Tiene hambre de creatividad. Es de los que piensa que, si una persona no está creando algo, no está haciendo nada valioso. Esto, junto con su curiosidad, puede llevarle a lugares lejanos.

Debilidades de la Luna en Libra

Se sabotea a sí mismo constantemente

Está representado por la Balanza. Esto significa que, si no está en un estado mental equilibrado, es probable que siempre esté yendo de un lado a otro, tratando de decidir cómo se siente.

Se sabotea a sí mismo constantemente, precisamente porque no puede elegir. Ve bajo una lente muy negativa o a través de una muy positiva, y cuando ve las cosas de distinto color, se cuestiona si eso es posible.

Oculta su yo interior

No es que no quiera que los demás sepan cómo es usted, sino que constantemente trata de evitar peleas o discusiones por el bien de su energía. Sin embargo, también puede ser porque no le gusta que los demás se encuentren con su lado más oscuro, el que le pone en contacto con todo lo que necesita trabajar para crecer.

También evitará hablar de sus sentimientos porque es un signo lunar muy misterioso. Así que, si algo no encaja especialmente con su agenda, siempre puede volver a esconderse en otro lugar.

Es demasiado amable

A veces puede ser demasiado ingenuo y los demás se aprovechan de usted. Cree profundamente que todo el mundo es bueno hasta que se demuestre lo contrario. En consecuencia, es usted el primero en defender a los demás. Si no lo hace usted, ¿quién lo hará por usted?

Ser demasiado amable puede llevarle a tener otro tipo de problemas, especialmente en una relación cuando la otra persona está cruzando los límites.

No sabe decir que no

Siempre dice "sí" a todo y a todos. Es generoso, ingenuo y rara vez responde "no". Esto puede ser un grave problema para las personas con Luna en Libra, especialmente cuando su autoestima es baja.

No hay mucho que pueda dar sin recibir nada a cambio. Esto puede ser demasiado difícil de soportar para los individuos con la Luna en Libra, pero es necesario que escuche su intuición y vea a dónde lo lleva.

La Luna en Libra y su compatibilidad amorosa

La Luna en Libra es alguien que valora el poder de elección. También es alguien amable, que intenta llevarse bien con todas las personas que conoce. Independientemente de la ubicación de su Sol o Luna, este signo suele tener compatibilidad amorosa con otros signos lunares de aire (Acuario, Géminis) o de fuego (Aries, Leo, Sagitario).

Si tiene la Luna en Libra, necesita a alguien que le ayude a decidir. A veces incluso necesitará una persona que tome la iniciativa y decida por usted. Esto le quitará peso de encima. Una gran pareja sería una persona de Acuario porque son muy determinados en lo que quieren lograr.

Lo más probable es que la Luna en Libra se pregunte si esa persona es la adecuada para usted. En este sentido, es obstinado, pero solo porque no quiere volver a decepcionarse a sí mismo. No le gusta pasar por esas emociones.

La Luna en Libra es la que busca el placer por igual, especialmente cuando una relación está en una etapa temprana. No tiene miedo de explorar todas las facetas, ni tampoco a la otra persona.

Por el contrario, la Luna en Libra es menos compatible con una Luna de tierra. El signo de aire probablemente querrá sentirse relajado, y el signo de tierra, como Capricornio, le recordará constantemente que debe elegir un bando.

Libra como signo solar y los diferentes signos lunares

Sol en Libra + Luna en Aries

Si tiene esta combinación, a veces siente que es el alma de la fiesta, pero al minuto siguiente, siente que quiere ir a casa y abrazar a sus mascotas. Su Sol en Libra le dirá que se asocie, y su signo de fuego siempre le dirá que vaya solo.

Es probable que la Luna en Aries le haga sentir que tiene una llama interior que necesita estallar, y le gustaría hacerlo en soledad, algo a lo que Libra no está del todo acostumbrado.

Sol en Libra + Luna en Tauro

Si esta es su combinación, seguramente siente profundos océanos de amor en su interior. Esto ocurre porque Venus, el planeta del Amor, rige ambos signos. Tiene una gran energía, pero a veces puede ser demasiado pegajosa para algunos.

Como la Luna en Tauro es un signo de tierra, su signo de aire se mantendrá en la tierra. Sabe amar con sabiduría y es muy leal a sus allegados.

Sol en Libra + Luna en Géminis

Tiene doble signo de aire, representa a los gemelos y a la balanza. Le encanta conversar, es muy inteligente y tiende a decir lo que piensa sin filtro.

Como resultado, su Luna en Géminis le hace sentir que siempre tiene grandes ideas, y su Sol en Libra es el que le calma antes de que se entusiasme demasiado con un sinfín de posibilidades.

Sol en Libra + Luna en Cáncer

Su Luna en Cáncer querrá rodear a todos de amor, ya que ese signo es conocido por tener una vibración de paternidad. Los Libra también son conocidos por cuidar a sus seres queridos. Si tiene estos dos signos, es probable que sea un individuo devoto. De hecho, se dedica a ayudar a otras personas que tienen dificultades.

Su Sol en Libra equilibrará las poderosas emociones de Cáncer, mientras que el cangrejo le da a Libra una visión más intensa de la vida. Sin embargo, tenga cuidado, ya que puede volverse demasiado dependiente de los demás.

Sol en Libra + Luna en Leo

Su Luna en Leo le pedirá a gritos a su Sol en Libra que siga buscando el amor, ya que ambas partes son conocidas por sus formas románticas. Esta combinación significa que es el alma de la fiesta, y lo disfruta.

A veces puede parecer que nunca puede ser su verdadero yo, especialmente cuando siente que otros brillan más que usted. Tenga en cuenta que debe prestar atención a lo que le dice su intuición, ya que ella es la que manda.

Sol en Libra + Luna en Virgo

Es una persona a la que le encanta estar en una relación. Al principio puede parecer distante, pero en cuanto exploras sus profundidades, se da cuenta de que estar con otra persona le hace realmente feliz. Ahora bien, todavía deberá trabajar en sus formas hipercríticas, considerando que no todo el mundo está dispuesto a escuchar todo lo que tiene que decir.

En general, se toma su tiempo para confiar en los demás, y es perfectamente normal que ponga a prueba a los demás antes de confiar completamente en ellos. Aunque ya conozca a la persona y sea su mejor amigo, tendrá que sacar a la luz algunos problemas.

Sol en Libra + Luna en Libra

Nunca hay demasiados Libras dobles en el mundo. Si es usted un Libra doble, lo más probable es que le guste estar con los demás, pero no disfruta discutiendo sus emociones. Se preocupa más por vivir en paz que por navegar en los mares de los sentimientos.

Sin embargo, deberá encontrar un equilibrio saludable. Necesita aceptar el hecho de que siempre tendrá demasiadas opciones para elegir, y esto podría sacarlo de su zona de confort.

Sol en Libra + Luna en Escorpio

Usualmente es una persona que trata de traer calma y paz a la vida de sus amigos y familiares. Es la persona que procurará ir hasta el fondo del océano si eso significa que encontrará la verdad, y la honrará.

Le encanta hablar en público porque sabe que es diplomático y que puede conseguir cosas. Sin embargo, necesita guardar algunas cosas para sí mismo, especialmente cuando no se siente demasiado cómodo con los demás.

Sol en Libra + Luna en Sagitario

Es la persona más optimista de todas. Es uno de los pocos que se levanta continuamente y lucha por sus derechos, es decir, lucha con amor, porque evita las confrontaciones.

También le encantan las aventuras y tratar de ver lo bueno en todo. Es el compañero de viaje perfecto para mucha gente, y ni siquiera es consciente de ello. Si tiene esta combinación, probablemente nunca diga "no" a algo espontáneo, como viajar en bicicleta por Sudamérica o vivir en una isla casi desierta durante un par de meses.

Sol en Libra + Luna en Capricornio

Si tiene estos signos, es probable que trabaje en sus sueños. Es el que siempre tiene un nuevo proyecto a la vista o trabaja continuamente en ideas geniales y creativas. Su Sol en Libra suavizará su Luna en Capricornio, lo cual es estupendo para usted. De lo contrario, puede que se aísle demasiado del resto del mundo.

Hay una energía única dentro de usted porque, por un lado, se siente seguro de sí mismo y de su conexión con los demás. Por otro lado, está completamente concentrado en lo que sucederá a continuación y en lo que puede lograr.

Sol en Libra + Luna en Acuario

Si es una mezcla de estos dos signos, debe saber que todo cambia y todo pasa. Es posible que se sienta confundido a lo largo de su vida porque estos dos signos son conocidos por su capacidad de divagar.

Debe saber que es una persona íntegra que intenta ver el bien en el mundo y que trabaja para conseguirlo. Está perfectamente bien si siente que un día puede salvar al resto de la humanidad, y su Sol en Libra le ayudará a hacerlo.

Sol en Libra + Luna en Piscis

Si ha nacido con esta combinación, lo más probable es que haya experimentado fases difíciles a lo largo de su vida. Primero, desea nadar en las profundidades del océano de sus pensamientos. Luego, usted considera que lo mejor es mantenerse alejado, en un lugar donde pueda ver todos los lados.

También posee una intensa intuición emocional, y debe prestarle atención. No acepta el maltrato ni a las personas que juzgan a los demás.

Capítulo 8: Luna en Escorpio

Símbolo: El escorpión

Elemento: Agua

Cualidad: Fijo

Casa gobernante: Octava

Planeta regente: Plutón

Una breve explicación de la Luna en Escorpio

Si tiene la Luna en Escorpio, le encanta experimentar nuevos comienzos. Siempre buscas ese impulso interior para explorar el resto del mundo en segundos. Es una persona que solo sigue sus deseos y sueños.

Si ha nacido con la Luna en Escorpio, ve las cosas en blanco y negro. A veces puede aportar un toque de color, pero la mayor parte del tiempo se dirige hacia alguna zona oscura.

Esto no significa que sea una mala persona o que se centre demasiado en las energías negativas; solo significa que está en contacto con la muerte y no le tiene miedo. Ha visto más allá de lo que otros signos pueden haber visto y ha descubierto algunos grandes misterios que a muchos les encantaría descubrir.

Usted tiende a guardar su vida personal como si fuera un bulldog que protege a su dueño. Pero también es una persona muy cariñosa una vez que se permite estar con los que le quieren.

Es muy inteligente y trabaja en proyectos difíciles que requieren su atención durante mucho tiempo. Sin embargo, en contra de las creencias populares, es una persona intuitiva a la que le gusta expresar sus sentimientos con sus allegados. No le gustan las charlas triviales.

La Luna en Escorpio y sus rasgos de personalidad

Puntos fuertes de la Luna en Escorpio

Trabaja duro

Sabe que su trabajo duro acabará dando sus frutos, así que lo da todo para convertirse en el mejor en lo que hace.

Es quien está detrás de muchas empresas internacionales, y su jefe sabe que depende de usted porque nadie hará el trabajo como usted.

Es una persona comprometida

Ya sea que se comprometa con su trabajo, su familia o sus relaciones, por lo general los pondrá en primer lugar. Incluso descuidará sus necesidades personales para cuidar de sus allegados.

Si su Luna está en Escorpio, siempre estará cuidando su imagen pública. No por vanidad, sino porque sabe que los demás se interesan en copiarlo porque creen que es un buen ejemplo.

Es valiente

Si es un artista, es probable que todo el mundo hable de sus obras porque se atreve a hablar de cosas que se consideran tabú. Es muy creativo y sabe que puede decir lo que piensa a través de su arte.

Sin embargo, también acepta con valentía cuando los demás le muestran una nueva información, incluso si eso destruye sus valores. Su signo lunar Escorpio le guiará hacia su verdad.

Es muy emocional

Aunque la mayoría de la gente no estará de acuerdo porque no le conoce, usted es un individuo muy emocional si su Luna está en Escorpio. Puede que incluso le cueste admitirlo porque no quiere mostrarse así.

Pero usted es quien escudriñará los sentimientos y las energías de los demás para ver de dónde provienen. Su intuición también le permitirá estar seguro la mayor parte del tiempo.

Debilidades de la Luna en Escorpio

Es demasiado rígido

Nadie le dirá nunca que es rígido porque probablemente tenga miedo de perderlo. Esto solo demuestra cómo ve todo de una manera u otra.

Algunos individuos con la Luna en Escorpio se obsesionan con una sola cosa y luego no hacen tiempo para el resto de sus intereses. Si acaba de descubrir algo que le fascina, lo más probable es que lo domine en poco tiempo.

Es manipulador

Sabe cómo llegar a los puntos débiles de los demás y no se avergüenza de admitirlo. Este puede ser su lado más oscuro que sale a la luz y trata de expresar sus emociones genuinas.

Usted tiende a ser manipulador cuando siente que las cosas están a punto de cambiar abruptamente o quiere mantener el statu quo tal como está.

Busca la soledad

La Luna en Escorpio estará encantada de permanecer sola durante todo el año. No le importa no socializar ni salir, sino todo lo contrario, quedarse en casa es su actividad favorita.

Sin embargo, si busca continuamente la soledad, ¿cómo va a crecer? Necesita dejar que los demás entren, al igual que ellos le dejan entrar en sus vidas.

Sus inseguridades pueden sobrepasarle

Cree que es una persona segura de sí misma y, en general, lo es. Por otro lado, puede haber momentos en los que ahonde en sus energías y se dé cuenta de que las cosas no siempre se ven bien.

Sus inseguridades están ahí, y de vez en cuando, permite que salgan a la superficie para explorarlas. La mayoría de las veces, no se ocupa de estos problemas porque está demasiado ocupado haciendo otra cosa.

La Luna en Escorpio y su compatibilidad amorosa

La Luna en Escorpio es valiente y quiere sumergirse en lo más profundo de sus emociones, pero valora su intimidad como ninguna otra cosa. Independientemente de la ubicación de su Sol o Luna, este signo suele tener compatibilidad amorosa con otros signos lunares de aire (Acuario, Géminis, Libra) o de agua (Piscis, Cáncer).

La Luna en Escorpio necesita a alguien que se atreva a dar el paso con él y que no tenga miedo de ser oscuro y aportar luz al mismo tiempo. Tiene valores muy fuertes y no da por sentado el amor.

Es probable que su Luna en Escorpio le lleve a los límites. Cuando acepte este signo y su efecto en su vida en general, verá quién es realmente.

La Luna en Escorpio busca la estabilidad en la pareja. En muchos sentidos, la Luna en Cáncer puede compartir muchos de estos sentimientos con usted. Pero también hace hincapié en su química sexual en primer lugar, especialmente cuando está empezando una nueva relación amorosa. La Luna en Escorpio es una persona dispuesta a pasar al siguiente nivel si eso significa que obtendrá una satisfacción inmediata.

Por el contrario, la Luna en Escorpio es menos compatible con la Luna en Capricornio. El signo de tierra le dirá a la Luna en Escorpio cómo tiene que comportarse, lo cual es algo que el escorpión no puede tolerar.

Escorpio como signo solar y los diferentes signos lunares

Sol en Escorpio + Luna en Aries

Si tiene esta combinación, entonces es alguien a quien le encanta explorar su lado sexual, y a diferencia de cualquier otro signo del zodiaco. De hecho, no debería sorprenderse si piensa que solo atrae a las personas para poder disfrutar de una o dos noches ardientes.

Si esta es su combinación, confía en su intuición en todos los niveles. Aun así, necesita explorar el mundo y ver cómo es ahí fuera. Si no, se centra demasiado en sí mismo y pierde de vista lo que le importa, su libertad.

Sol en Escorpio + Luna en Tauro

Si tiene la Luna en Tauro, es una persona que siente todo profundamente. Sus niveles de intensidad son demasiado altos la mayor parte del tiempo. Tiene la Luna en Tauro que es muy terca y le dice constantemente lo que tiene que hacer.

Como signo de agua, Escorpio hará que Tauro salga de su zona de confort, que es la única manera en que puede crecer. Además, Tauro aportará un sentido de estabilidad emocional a su Sol en Escorpio, por lo que se convierten en una poderosa combinación.

Sol en Escorpio + Luna en Géminis

Esta combinación tiene que ver con seguir su intuición. A veces estos dos signos competirán para ver cuál de ellos llama más su atención. El signo de agua aporta un agradable toque intelectual a su Luna en Géminis, que siempre está buscando nuevas ideas.

Sabe establecer límites, aunque siempre intenta romperlos; no tiene miedo de decir lo que piensa y no tiene problemas en mandar a callar a los demás si no están de acuerdo con usted.

Sol en Escorpio + Luna en Cáncer

Estos dos son otra combinación intensa. Aunque estos signos pueden funcionar bien juntos, sobre todo por su similitud, pasarán por momentos difíciles cuando las mareas suban por encima de sus niveles habituales.

Por otra parte, su Sol en Escorpio tiende a ser una energía muy masculina, mientras que su Luna en Cáncer tiene toda la destreza femenina. Si ha nacido bajo esta combinación, sabe perfectamente cuándo es el momento adecuado para liberar estos dos signos de agua en su existencia.

Sol en Escorpio + Luna en Leo

Tiene dos signos muy diferentes, fuertes y robustos que llaman a su puerta. El Sol en Escorpio suele ser alguien intenso y serio. Mientras tanto, la Luna en Leo es siempre el alma de la fiesta. El verdadero truco de esta combinación es no eclipsar nunca al otro.

Le gusta controlar las cosas, aunque eso signifique que acabará yendo a lugares oscuros que no sabía que existían.

Sol en Escorpio + Luna en Virgo

Parece que siempre sabe lo que va a pasar. Su Luna en Virgo es la que se ocupa del panorama general, mientras que su Sol en Escorpio le dirá hacia dónde tiene que mirar a continuación.

También es una persona intensamente intuitiva, pero eso puede agradecérselo al Sol en Escorpio. Si quiere mantenerse en equilibrio, intente meditar o realizar otra técnica de relajación. Lo ideal sería que su mente dejara de analizar todo debido a la Luna en Virgo.

Sol en Escorpio + Luna en Libra

Habitualmente es la persona que trata de llevar la calma y la paz a la vida de sus amigos y familiares. Aunque también les advierte, siempre les mostrará la realidad y la verdad, y no un ideal borroso.

Le encanta hablar en público porque sabe que es diplomático y que puede conseguir las cosas. Aquí es donde entra en juego su Luna en Libra. Sin embargo, necesita guardar algunas cosas para sí mismo, especialmente cuando no se siente demasiado cómodo con los demás. No quiere que le llamen grosero todo el tiempo, especialmente cuando los demás no están preparados para entender lo que está diciendo.

Sol en Escorpio + Luna en Escorpio

Un doble Escorpio es una combinación poderosa. Probablemente esté pasando por momentos difíciles, al menos para usted, que son muy frecuentes, porque parece que no puede salir a la superficie para tomar aire puro.

Necesita concentrar su energía en hacer algo nuevo, que nunca antes se había planteado. Debe limpiar su interior si quiere dejar de luchar contra la vida. Sabe que tiene mucho potencial, pero primero necesita creer en sí mismo.

Sol en Escorpio + Luna en Sagitario

Es probable que cuestione todo. Una simple pregunta, como: "¿Qué hay para cenar?", puede hacer que se sumerja en zonas rocosas que no sabía que existían. La Luna en Sagitario no hará más que intensificar estos sentimientos de cuestionamiento de absolutamente todo en la vida.

También suele ser una persona a la que le gusta huir. No importa a dónde se vaya si deja el lugar que le hace sentir incómodo.

Sol en Escorpio + Luna en Capricornio

Esta combinación es poderosa, principalmente porque difieren completamente entre sí. Probablemente piense que una parte de usted proviene de un planeta y la otra de un universo diferente. La verdad es que probablemente tenga razón.

Deberá lidiar con muchas batallas internas para ver quién cobra vida en usted. ¿Está ganando el signo de agua? ¿O la Luna en Capricornio lleva la delantera? De cualquier manera, debe saber que todo pasa, y pronto sentirá que estos dos signos se equilibran mutuamente de una manera relativamente tranquila.

Sol en Escorpio + Luna en Acuario

Esta es una combinación genial e interesante. El Sol en Escorpio es el que va primero porque sabe lo que debe hacer. La Luna en Acuario es la que guía al resto por su capacidad de percibir la ayuda que necesitan los demás.

Es una persona compasiva que no tiene miedo. Nada puede pararle, y sabe que es un recurso valioso para muchos individuos que le admiran. Cuanto más se aleja de su casa, más en paz se siente.

Sol en Escorpio + Luna en Piscis

Tanto Escorpio como Piscis lucharán por mantener el trono. Es probable que la Luna en Piscis le diga que deje de nadar en dirección a Escorpio. Del mismo modo, es probable que el Sol en Escorpio le diga que tiene que volver a donde está Escorpio.

Siempre está mejorando. Ya sea que esto signifique que está teniendo éxito académico o inventando cosas nuevas, su mente viaja a lugares innovadores en los que nadie más ha estado.

Capítulo 9: Luna en Sagitario

Símbolo: El centauro / el arquero

Elemento: Fuego

Cualidad: Mutable

Casa gobernante: Novena

Planeta regente: Júpiter

Breve explicación de la Luna en Sagitario

Usted es la Luna independiente, la que puede salvar al resto de los signos, y la que muestra lo divertido que es jugar y seguir avanzando.

Tiene una Luna tan poderosa, y sin embargo no parece ser plenamente consciente de ello. Con este signo en su Luna, puede viajar a lugares lejanos sin siquiera levantarse del sofá.

Es un líder nato apoyado por Júpiter, el planeta de la expansión y la buena suerte. No es de extrañar que siempre sienta que el trueno de la buena suerte le golpea.

Con la Luna en Sagitario, ha nacido para ser único. Es usted quien va a los lugares más lejanos solo para darse cuenta de que su verdadero hogar está dentro. Usted idolatra las culturas extranjeras y le fascina el funcionamiento de la mente de las personas, al igual que tiende a estudiar cada fenómeno que ve o experimenta.

Es amable y generoso, pero también se aferra a su verdad y no deja que nadie le afecte. Esto, por supuesto, podría causarle algunos problemas, sobre todo cuando los demás piensen que solo es odioso. Sin embargo, detrás de esa fachada, es usted un buen amigo que hace reír a todo el mundo con sus ocurrencias.

Si ha nacido con la Luna en Sagitario, piense rápido y actúe más rápido. Es un verdadero animal del zodiaco y un ser humano completo.

La Luna en Sagitario y sus rasgos de personalidad

Puntos fuertes de la Luna en Sagitario

Es inteligente

No es que usted dé una respuesta inteligente; es más bien que toda su vida se basa en dar respuestas inteligentes a la gente. Todo el mundo acude a usted en busca de conocimientos y de su sabia energía.

No es extraño verlo enseñando a otros, incluso en sus días libres. Le encanta ayudar a los demás, especialmente en temas filosóficos profundos que pueden conducir a muchas respuestas sólidas.

Se preocupa por los demás

Puede que diga que no lo hace, pero se preocupa más por los demás que por usted mismo. Según su opinión, está bien ayudar a los demás primero, y luego el universo le ayudará gustosamente a usted también.

Algunos discutirán sus razones, pero la verdad es que usted ayuda a los demás porque se preocupa por ellos. Ya sea que los acabe de conocer hace cinco minutos y tenga una conexión instantánea, o si se trata de alguien que conoce desde hace un par de años, no importa porque igual salvaría la vida de ambos en un santiamén.

Es rápido para analizar

Es rápido para analizar una situación, especialmente las difíciles. Es usted un símbolo del fuego, por lo que defenderá sus derechos hasta el final.

Es un pensador profundo; sin embargo, debe cuidarse y dejar de analizar continuamente, o puede experimentar el agotamiento porque su mente parece no dejar de trabajar nunca.

Es muy optimista

La Luna en Sagitario es el signo más optimista del zodiaco. Quizás sea porque Júpiter, el planeta más grande y prominente de la galaxia, le rige. O tal vez sea porque estás profundamente conectado con su verdadera energía. No importa. Si usted visualiza algo, obtendrá ese algo.

El hecho de ser optimista no significa que sea una persona afortunada todo el tiempo. Además, puede y debe tener sus días malos. Pero este signo le enseñará que una gran lección es reconocer lo bueno gracias a lo malo.

Debilidades de la Luna en Sagitario

Es demasiado crudo

No le importa ser crudo, ya que no puede ser de otra manera. Generalmente es el que siempre dirá las frases más difíciles en un grupo. Usted da respuestas, pero las da de una manera tan directa, cruda y poderosa que pocas personas están dispuestas a escucharlo.

Es brutalmente honesto cuando debe hacerlo, aunque sea cuando habla consigo mismo. A veces, la forma en que expresa sus sentimientos puede herir a sus allegados.

No tiene paciencia

Es impaciente sin razón porque la mayoría de las veces, termina esperando de todos modos. Lo ideal sería hacer todo en un día. Pero solo hay veinticuatro horas en un día, y a veces hay que esperar.

Además, usted nunca baja el ritmo, ni siquiera por un segundo. La Luna en Sagitario está constantemente tratando de encender una llama, incluso si está lloviendo a cántaros.

Es un buscador de atención

Más a menudo de lo que le gustaría admitir, se ha visto a sí mismo tratando de captar la atención de todo el mundo. Es como si se alimentara de eso. No sabe por qué, pero tener la atención de todos le hace sentir que tiene el poder y el control de la situación.

Usted reclama la atención, pero no se la da a sí mismo. La mayoría de las veces, se pierde al intentar mantener una conversación con los demás. No es porque no sean excitantes; es porque se aburre con facilidad, especialmente cuando la atención está en los demás.

Parece descuidado

Los demás pueden percibirle como descuidado cuando discuten con usted. Es casi como si no le importara lo que la otra persona piense o sienta, ya que necesita transmitir su punto de vista, y no le importa si dice algunas verdades hirientes.

Según usted, es un héroe por hablar claro. Sin embargo, otros pueden estar en desacuerdo con esto y lo consideran grosero y descuidado.

La Luna en Sagitario y su compatibilidad amorosa

A la Luna en Sagitario le gusta ser independiente y solo establece una relación con alguien que sea tan independiente y libre como lo es él.

Si esta es su Luna, lo más probable es que quiera vivir su vida de forma excéntrica. Independientemente de la ubicación de su Sol o Luna, este signo suele tener compatibilidad amorosa con otros signos lunares de fuego (Aries, Leo) o de aire (Acuario, Géminis, Libra).

La Luna en Sagitario necesita a alguien que la lleve a otro país, o al menos a un pequeño pueblo en medio de la nada. Desea explorar el mundo y quiere hacerlo ahora. Sabe que, si pospone sus sueños, puede ser demasiado tarde al final del día.

La Luna en Sagitario es la que busca la libertad, la novedad y el amor. Generalmente es quien dice "te amo" primero, pero solo porque le rige Júpiter, el planeta que ama expandirse. Su Luna va especialmente bien con un Géminis, ya que ambos probarán formas nuevas y divertidas de conocerse.

Sin embargo, la Luna en Sagitario es menos compatible con la Luna en Capricornio. El signo de fuego probablemente querrá viajar sin detenerse nunca, mientras que al signo de tierra le gustaría quedarse quieto y construir un imperio donde está.

Sagitario como signo solar y los diferentes signos lunares

Sol en Sagitario + Luna en Aries

Si tiene esta combinación, es usted una persona a la que le encanta explorar culturas extranjeras. Si fuera por usted, viviría en todos los países del mundo a lo largo de su vida porque sabe que hay mucho que ver.

Es alguien que aspira a más. Ya sea aprendiendo un nuevo idioma o aceptando un trabajo arriesgado, necesita vivir su vida a su manera. Cuanto más se salga de las creencias convencionales, más libre se sentirá.

Sol en Sagitario + Luna en Tauro

Esta combinación es conocida por ser aventurera, con los pies en la tierra y por ser una gran contadora de historias. Si su Luna está en Tauro, usted es alguien que necesita conectarse a la tierra constantemente. No está mirando al cielo; está mirando sus pasos y lo lejos que ha llegado.

Sin embargo, un signo intentará imponer su forma de ver la vida al otro. Como resultado, existe la posibilidad real de tener una lucha interna persistente, ya que ambos lucharán con fuerza pase lo que pase.

Sol en Sagitario + Luna en Géminis

Si alguna vez ha conocido a un Sol en Sagitario con la Luna en Géminis, sabrá que están dispuestos a reírse. Así que, si estos son sus signos, tienen suerte.

Una persona con esta combinación siempre tiene algo que decir, y suele ser algo interesante. Sus niveles de optimismo a veces están por las nubes, y se esforzará por alcanzar sus sueños, y a menudo tiene mucha suerte.

Sol en Sagitario + Luna en Cáncer

Una persona con esta combinación es alguien que se lleva bien con los niños porque lo conectan fuertemente con su niño interior. Sagitario iluminará hasta las habitaciones más oscuras, mientras que el cangrejo protegerá a todos los demás.

Si esta es su combinación, no se toma en serio a sí mismo, pero sí a los demás. Es el alma de cualquier fiesta, pero también le parece bien que otra persona sea el centro de atención.

Sol en Sagitario + Luna en Leo

Esta es una combinación divertida. Es una persona muy extrovertida a la que le encanta hacer nuevos amigos. Todo el mundo en su vecindario sabe de usted y de su estilo extravagante.

Aunque la Luna en Leo tratará de mantener las cosas sencillas, usted es un verdadero Sagitario al que le encanta mostrar lo mucho que se divierte. Podría ser una batalla constante entre los egos de sus dos signos.

Sol en Sagitario + Luna en Virgo

Si un Sagitario quiere demostrar su lado aventurero, esta combinación será la adecuada. Ha nacido para explorar y le encanta viajar, pero quiere construir su propio hogar cerca de sus seres queridos.

Si tiene esta combinación, es probable que sea una persona muy social. Deseará ir a todas las fiestas que haya y estar en todos los lugares al mismo tiempo. Irse a la cama temprano no es algo que usted haga. Las reglas externas no limitan su independencia.

Sol en Sagitario + Luna en Libra

Es una persona optimista, pero a veces la Luna en Libra le dirá que por favor se calme antes de causar una gran escena. Puede que le haya tocado la lotería y su Luna en Libra seguirá diciéndole que se calme.

También le gustan las aventuras y tratar de ver lo bueno en todo. Sin embargo, el Sol en Sagitario va más rápido que la Luna en Libra y, a veces, esto podría significar que usted viaja espontáneamente al otro lado del mundo durante la cena.

Sol en Sagitario + Luna en Escorpio

Probablemente tenga una voz interior que lo hace todo con usted y habla con usted todo el tiempo. Esa voz es la Luna en Escorpio. Incluso la pregunta más sencilla irá seguida de un larguísimo monólogo que explicará al Sol en Sagitario por qué la Luna en Escorpio tiene razón.

También intensificará su Luna en Escorpio porque es uno de los signos de fuego más grandes. Dirá las cosas de forma clara y a la vez concisa.

Sol en Sagitario + Luna en Sagitario

La doble Luna en Sagitario es un dúo poderoso. Generalmente es usted el que siempre responde "sí", incluso cuando la pregunta aún no ha concluido. Al escuchar la palabra "viaje", ya tiene las maletas hechas y está listo para salir.

No puede quedarse en un solo lugar. Es físicamente imposible para usted. Por eso, probablemente ha viajado durante todo el año. No le importa echar de menos a su familia o a sus amigos íntimos. Sabe que el resto del mundo y las personas que no ha conocido son su futura familia y amigos.

Sol en Sagitario + Luna en Capricornio

Esta es una combinación complicada e intensa. La Luna en Capricornio siempre le dice que tiene que hacer las cosas de manera diferente. También cuestiona todo lo que hace y con quién lo hace.

Por otro lado, es probable que el Sol en Sagitario le diga que no le importa la Luna en Capricornio. Sin embargo, en el fondo, sabe que se limita precisamente por este signo de tierra. Es hora de dejarse llevar.

Sol en Sagitario + Luna en Acuario

Esta es una combinación encantadora, que siempre está dispuesta a trabajar duro para experimentar la vida que se merece. El Sol en Sagitario es alguien a quien le gusta ayudar, y la Luna en Acuario es la que necesita ayudar a los demás. En general, es una persona que está muy dispuesta a sentirse útil.

No se queda quieto durante mucho tiempo. Es muy independiente y sabe lo mucho que se valora su libertad porque no conoce a nadie más que piense o actúe como usted.

Sol en Sagitario + Luna en Piscis

La Luna en Piscis es la que hará que su Sol en Sagitario se sienta más en paz. El signo de agua siempre está pendiente de usted. La Luna aguará el fuego de su Sagitario cuando sea necesario, le guste o no.

Pero su Luna en Piscis también es alguien que se adentra en su interior. Por eso, se pregunta constantemente si debe continuar con su viaje filosófico interior.

Capítulo 10: Luna en Capricornio

Símbolo: La cabra de mar

Elemento: Tierra

Cualidad: Cardinal

Casa gobernante: Décima

Planeta regente: Saturno

Una breve explicación de la Luna en Capricornio

Si la Luna está en Capricornio, es una persona a la que le gusta trabajar duro y no se detendrá hasta tener éxito en la vida. Es usted más feliz cuando trabaja en una oficina, y no le importa trabajar más de lo previsto si alguien nota su esfuerzo.

Es decidido y ambicioso, y la energía de su signo siempre le impulsa. La Luna es la que muestra lo que es la vida. También le muestra su gran proyecto, que es cómo puede vivir la vida al máximo, sin sucumbir a comportamientos y pensamientos tempestuosos.

Le encanta construir cosas, y eso incluye su vida. Usted supera muchos obstáculos del pasado y brilla con más fuerza cuando finalmente sale de ese túnel.

La Luna en Capricornio es alguien práctico. Si este es su caso, no teme ensuciarse las manos si es necesario, aunque preferiría que otro hiciera el trabajo sucio.

La Luna en Capricornio es una Luna tradicional. En otras palabras, no le gusta impresionar a nadie. Usted es como es, y si los demás pueden apreciarlo, estupendo. Si no es así, saben que la puerta siempre está abierta y pueden elegir fácilmente irse.

Por último, con la Luna en Capricornio, usted sabe lo que vale. Es su mayor admirador, y es leal a sí mismo y a sus seres queridos.

La Luna en Capricornio y sus rasgos de personalidad

Puntos fuertes de la Luna en Capricornio

Es divertido estar a su alrededor

A todo el mundo le gusta ser su amigo porque dice las cosas más divertidas. A veces la gente que le rodea no puede creer que acabe de decir algo, debido a que se ha atrevido a hacerlo, incluso aunque nadie más lo haya hecho.

Es el alma de la fiesta y todo el mundo conoce y adora su sentido del humor. Le gusta estar rodeado de otros, principalmente porque la Luna en Capricornio le guía hacia los demás.

Tiene los pies en la tierra

No tiene miedo de admitir cuando ha hecho algo mal. Usted no evita las disculpas, porque sabe que puede crecer a través de ellas. Como signo de tierra, sus pies están constantemente en el suelo. Debido a ello, es un individuo con los pies en la tierra al que le gusta compartir su vida con los demás.

Tiene una voluntad fuerte y permanece conectado con aquellos que realmente quiere en su vida. Los demás pueden ir y venir, pero usted se quedará.

Es muy leal

Cuando ama o admira a una persona, siempre le cubrirá la espalda porque sabe lo que es sufrir solo. Usted está ahí para los demás, y es leal a ellos.

Espera que los demás hagan lo mismo, pero sabe que cada uno recorre un camino diferente. La Luna en Capricornio le hace comprender esto.

Sigue sus instintos

Usted sabe que sus instintos guían su vida, especialmente cuando se concentra en un proyecto especial o se lanza a una nueva aventura.

De hecho, siempre ha sabido reinventarse y adelantarse a los demás. Su carisma está siempre a flor de piel porque sigue sus instintos.

Debilidades de la Luna en Capricornio

Es demasiado fuerte

Usted es un individuo fuerte. No le importa ser fuerte con los demás o consigo mismo. Sabe que, si una persona quiere tener éxito en la vida, tiene que escuchar algunas verdades duras. Sin embargo, a veces no se mide a sí mismo y acaba haciendo daño a los demás.

Cuando se enfada, el resto del mundo debería huir de usted. Se convierte en Godzilla, porque ¿cómo puede la otra persona no saber que lo que está haciendo le molesta?

No aceptará un "no" como respuesta

Usted no se detendrá hasta que la otra persona le diga "sí". Esto podría ser muy molesto para algunos, pero es uno de sus mayores rasgos según usted. En ocasiones comunicará lo que siente, mientras que otras veces se quedará callado y dejará que sus miradas hablen.

Especialmente detesta que alguien le diga "no" sin razón. Sin embargo, debe entender que a veces la vida tiene planes más grandes para usted. No todas las respuestas "no" son negativas.

No puede dejar de trabajar

Seguramente se va a la cama pensando en cómo será su día a la mañana siguiente. Está trabajando constantemente, incluso cuando está de vacaciones. Se siente como si fuera la persona más importante del mundo, y su negocio o trabajo se desmoronará si no está allí.

Suele olvidar cómo divertirse. Tanto si se trata de salir a comer como de ver a su familia o a sus amigos, necesita tener tiempo para usted; de lo contrario, sus niveles de energía podrían verse afectados.

Le gusta manipular a los demás

Sabe que puede cambiar la percepción de alguien diciendo un comentario o dejando caer una indirecta. Es demasiado emocional, así que cuando no le gusta lo que la otra persona puede hacer, esconde sus sentimientos y la manipula.

Esta actitud suele generar problemas, pero usted los ve y se va por otro lado.

La Luna en Capricornio y su compatibilidad amorosa

La Luna en Capricornio es alguien que valora su seguridad, su zona de confort y su vida. Si este es su signo lunar, sabe que nadie podrá impedirle alcanzar su futuro cuando empiece a visualizarlo. Independientemente de la ubicación de su Sol o Luna, este signo suele tener compatibilidad amorosa con otros signos lunares de tierra (Tauro, Virgo) o de aire (Acuario, Géminis, Libra).

La Luna en Capricornio necesita a alguien con quien pueda sentirse segura. Si ha nacido bajo este signo lunar, es una persona muy curiosa, pero le da miedo quedarse sola. Piense en una persona con miedo a la oscuridad. Le encanta dormir, pero tiene que hacerlo con las luces encendidas o no disfrutará de su descanso.

Si la Luna está en Capricornio, es probable que le diga a todo el mundo lo que piensa o cree. Si la persona no quiere oírlo, se lo dirá a gritos porque necesita desahogarse. La Luna en Capricornio es compatible con la Luna en Piscis porque el pez puede calmar a Capricornio.

En cambio, la Luna en Capricornio es menos compatible con la Luna en Géminis, aunque un Capricornio puede llevarse muy bien con otro signo de aire, como Libra. El signo de tierra probablemente esté demasiado ocupado tratando de explicar a los gemelos por qué no deben comportarse de esa manera, lo que, por supuesto, la Luna en Géminis encuentra molesto.

Capricornio como signo solar y los diferentes signos lunares

Sol en Capricornio + Luna en Aries

Esta combinación podría presentar algunos contratiempos, principalmente porque siempre hay una lucha entre Aries que no es consistente y Capricornio que trata de ser constante con todo lo que hace. Como resultado, la Luna en Aries puede hacer que un Capricornio abandone todo lo que está haciendo.

Debido al deseo incesante de Capricornio de tener éxito y hacerse un nombre, provocaría que la intensidad de Aries se disparara.

Sol en Capricornio + Luna en Tauro

Si ha nacido con esta combinación, es probable que sea el jefe más genial del lugar. La Luna en Tauro le hará trabajar extra duro, y el Sol en Capricornio probablemente aceptará este veredicto.

Las personas bajo estos signos suelen ser personas completamente centradas en su carrera y en su estatus social. Pueden tener problemas al tratar de navegar por sus emociones, por lo que es aconsejable tratar de explorar sus sentimientos.

Sol en Capricornio + Luna en Géminis

La Luna en Géminis significa que ama a pesar de todo. El Sol en Capricornio significa que le cuesta amar incondicionalmente a los demás, pero que lo sigue intentando.

Sin embargo, este signo de tierra permitirá a los gemelos sentirse más conectados con el mundo, y al revés. El Sol en Capricornio hará que su Luna en Géminis se sienta más conectada con la tierra.

Sol en Capricornio + Luna en Cáncer

Cáncer es conocido por ser sentimental, pero Capricornio no solo huye de sus emociones, sino que también es efusivo con sus sentimientos. La Luna en Cáncer significa que es probable que sea extra sentimental, y la mayoría de las veces, lo es sin que usted quiera que sea así.

Los resultados le estimulan y quiere ser el mejor en todo. Tiene un auténtico sentido del linaje y la lealtad, especialmente cuando sabe que la gente le admira.

Sol en Capricornio + Luna en Leo

Si necesita que alguien le ayude, llame a este Capricornio. Lo dejará todo de inmediato y vendrá a socorrerle en un abrir y cerrar de ojos. La Luna en Leo conoce el valor de las amistades, y hará todo lo posible por mantenerlas cerca.

Tener la Luna en Leo significa que este Capricornio probablemente se centrará en su ser interior, y su viaje seguramente será un paseo muy emocional e intenso. Confiarán en su capacidad para levantarse de nuevo, sin importar cuántas veces sea necesario.

Sol en Capricornio + Luna en Virgo

Si tiene la Luna en este signo de tierra, lo más probable es que le guste trabajar duro y meticulosamente. Es de los que siempre tienen dinero a final de mes porque toma previsiones a diario. Es probable que todos sus esfuerzos den sus frutos.

También tiene un fuerte deseo de estabilidad y su seguridad no depende de nadie más. La Luna en Virgo se encargará de que todos sepan lo mucho que ha trabajado.

Sol en Capricornio + Luna en Libra

Es el que siempre tiene un nuevo proyecto a la vista o está continuamente trabajando en grandes y creativas ideas. El Sol en Capricornio le hará analizar todo antes de comprometerse con algo.

Hay una energía única en usted porque, por un lado, se siente seguro de sí mismo y de su conexión con los demás. Por otro lado, está completamente concentrado en lo que va a suceder a continuación y en lo que puede lograr.

Sol en Capricornio + Luna en Escorpio

Esta combinación es poderosa, sobre todo porque difieren completamente entre sí. Probablemente piense que una parte de usted proviene de un planeta y la otra de un universo diferente. La verdad es que probablemente tiene razón.

Tendrá que lidiar con muchas batallas internas para ver quién cobra vida en usted. ¿Está ganando el signo de agua? ¿O el Sol en Capricornio lleva la delantera? De cualquier manera, sabe que todo pasa, y muy pronto, sentirá que estos dos signos coinciden de manera relativamente tranquila.

Sol en Capricornio + Luna en Sagitario

Esta es una combinación complicada e intensa. El Sol en Capricornio tiende a sobreanalizar todo, y la Luna en Sagitario no podría importarle menos. El Sol en Capricornio trata de conectar con su Luna en Sagitario, pero a veces parece imposible hacerlo.

Es probable que la Luna en Sagitario le diga que no le importa el Sol en Capricornio. Sin embargo, en el fondo, usted sabe que su signo de fuego solo está tratando de crear algunos problemas.

Sol en Capricornio + Luna en Capricornio

Si está buscando un signo que se fortalezca siempre, no busque más. Una persona que tiene un Capricornio doble es una persona obstinada, pero también será la primera en admitir que se equivocó.

Un signo de tierra doble es probable que agote a algunas personas. Son conocidos por ser nerds con libros que necesitan escribir todo, o no lo recordarán.

Sol en Capricornio + Luna en Acuario

Esta combinación es poderosa porque se relacionan muy bien. La Luna en Acuario aporta un equilibrio perfecto al Sol en Capricornio. Este signo de aire acuariano le enseñará al signo de tierra capricorniano a fluir más intensamente.

La Luna en Acuario le dará un sentido más amplio de pertenencia, y pronto comenzará a notar que hay más en la vida que su casa o patio trasero.

Sol en Capricornio + Luna en Piscis

Estos dos signos forman una combinación encantadora. Sorprendentemente, la Luna en Piscis le hará profundizar en su interior mediante un viaje de sanación. Es algo que nunca creyó que sucedería, pero llegará a sí mismo si lo permite.

Usted es una persona a la que le gusta hablar con su familia y amigos durante horas, sin parar. Le admiran, y usted es su líder, a veces sin siquiera saberlo.

Capítulo 11: Luna en Acuario

Símbolo: El aguador

Elemento: Aire

Cualidad: Fijo

Casa gobernante: Undécima

Planeta regente: Urano

Una breve explicación de la Luna en Acuario

Si hay un signo que representa la libertad, Acuario es la elección perfecta. Es una persona que siempre está luchando por sus derechos. Una persona que trata de alcanzar sus sueños, sin importar lo grandes que parezcan.

Puede parecer que es una persona irritable para el mundo exterior, pero es un suave oso de peluche que busca el amor. Por eso, trabaja bien en equipo, aunque a veces no quiera admitirlo.

Si ha nacido bajo este signo lunar, le encanta viajar a nuevos lugares, pero también aprecia una vida tranquila que pueda compartir con sus allegados.

No le importa ser el "raro" o el que destaca. Por el contrario, usted prefiere diferenciarse del resto de la multitud común.

Es muy temperamental, pero la mayoría de la gente estará de acuerdo en que tiene una razón detrás de su rápido cambio de humor. También le preocupa su futuro, aunque tiende a olvidarlo al poco tiempo.

Le encanta escabullirse, no necesariamente porque tenga problemas, sino porque quiere que los demás piensen que es una persona misteriosa. Es excéntrico, y nadie lo dudará.

Así mismo, dirá lo que piensa, incluso si eso le hace ganar un par de enemigos. Mostrará su visión de cómo debería ser el mundo, pero lo hará con respeto.

La Luna en Acuario y sus rasgos de personalidad

Puntos fuertes de la Luna en Acuario

Es independiente

Le gusta marcar su ritmo y no le importa que los demás le sigan. Sin embargo, si se interpone en su camino, le dirá amablemente dónde puede ir. Es tan independiente que a veces se olvida de que tiene familia y amigos.

Siempre está buscando formas de independizarse. Tanto si busca su camino profesional como si quiere ser padre o madre de familia, usted es el único que tendrá voz y voto en lo que acabe haciendo.

Aporta algo nuevo

Todos los que le conocen lo saben, y le quieren por ello. Generalmente es usted quien tiene nuevas ideas, proyectos y objetivos. Sabe cómo alcanzarlos, y se esforzará por hacerlo.

Es una persona original. Es creativo y siempre tiene algo que decir que aporte valor a la conversación.

Sabe cómo innovar

Si ha nacido con la Luna en Acuario, probablemente tenga un negocio exitoso o esté en camino de crear uno. Es una persona muy innovadora que siempre se esfuerza por conseguir lo mejor.

Le gusta formarse para sentir que puede educar y ayudar a los demás. Sus jefes suelen estar contentos con usted porque saben que es una persona confiable.

Es inteligente

Puede leer a los demás como si se leyera a sí mismo. Es inteligente, y lo sabe, por lo que utilizará esto a su favor para obtener una ventaja en comparación con los demás.

Es una persona muy curiosa, y siempre demostrará su inteligencia a través de sus descubrimientos.

Debilidades de la Luna en Acuario

Puede perder los estribos rápidamente

Según usted, está bien explotar si es necesario. Como resultado, está feliz un minuto, y al siguiente, podría maldecir a todos a su alrededor porque no puede soportar algo que han dicho o hecho.

El temperamento de Acuario es radical, y es consciente de ello. Ni siquiera intenta ocultarlo porque sabe que le hace único.

Es una persona que ama la distancia

No es necesario que esté encerrado en una casa con una persona para sentir que la conoce. Puede estar en el otro lado del mundo, hablando por teléfono regularmente con alguien que nunca ha conocido en la vida real, y sin embargo sabe quién es.

Le encanta mantener la distancia; por lo tanto, una persona con la Luna en Acuario está bien cuando debe mudarse al otro lado del mundo sin su familia o amigos.

Le encanta juzgar a los demás

Una cosa es segura, no le importa juzgar a los demás, y no le importa cuando la gente lo juzga a usted. Señala a los que cometen errores, y le costará olvidarse de ellos.

También suele tomarse su tiempo para decirle a los demás por qué están fallando, aunque nunca le hayan preguntado al respecto.

Usted contradice todo

Parece que su mente está constantemente divagando, y algunos días dirá que todo es blanco, y otros días, dirá que todo es negro. No sabe dónde va a estar cada vez que se despierta.

Así es como usted es, una persona contradictoria, la mayor parte del tiempo, pero no lo hace a propósito. Lo hace solo porque así es como es usted.

La Luna en Acuario y su compatibilidad amorosa

La Luna en Acuario es alguien que valora su libertad y quiere viajar por el mundo sin boleto de regreso. Si este es su signo, lo más probable es que quiera conocer a alguien que pueda seguir su ritmo, aunque sabe lo difícil que puede ser a veces, sobre todo cuando no está seguro del rumbo de su vida.

Independientemente de la ubicación de su Sol o de su Luna, este signo suele tener compatibilidad amorosa con todos los signos de fuego (Aries, Leo, Sagitario) o de tierra (Capricornio, Tauro, Virgo).

La Luna en Acuario necesita a alguien que comprenda su necesidad de huir, pero que esté dispuesto a acogerla cuando decida volver. Tiene un fuerte sentido de la humildad, pero a veces no puede conciliar su futuro con su presente o su pasado.

La Luna en Acuario es probable que vaya hasta el fin del mundo si eso significa que protegerá y defenderá su forma de pensar. Son tan tercos que ni siquiera les importará perder algunas amistades en el camino si se mantienen comprometidos con su verdad.

La Luna en Acuario es la que busca un compañero de viaje, y lo encontrará con la Luna en Sagitario. Ambos se complementarán, y aportarán sus mejores rasgos.

Cabe destacar que la Luna en Acuario es menos compatible con la Luna en Libra. Esta combinación de dos signos de aire probablemente hará que se sientan aburridos o como si les faltara algo.

Acuario como signo solar y los diferentes signos lunares

Sol en Acuario + Luna en Aries

Esta combinación es intensa y les gusta hacer las cosas. Acuario es alguien que trata de entender la perspectiva de otra persona, y la Luna en Aries le acercará a otras realidades.

Si ha nacido con estos dos signos, es probable que usted sea una persona directa que dirija sus llamas hacia la solución de los mayores problemas que se le presenten. Es muy independiente, y a veces le cuesta dejar entrar a los demás y disfrutar de su compañía.

Sol en Acuario + Luna en Tauro

Cuando estos dos signos se combinan, se esforzarán por ver la justicia en el mundo, o al menos en su interior. La Luna en Tauro hará que cualquier Sol en Acuario trabaje duro por lo que quiere y necesita.

Sin embargo, Acuario hará que el toro trabaje en equipo, algo que el signo de tierra no está acostumbrado a hacer.

Sol en Acuario + Luna en Géminis

Esta es otra pareja doble de signos de aire. Una persona nacida con esta combinación lucha por sus ideales. No se limitan a sentarse y ver cómo el resto del mundo emprende algo. Al contrario, si en su lugar pudieran iniciar una revolución, lo harían.

No obstante, la Luna en Géminis le hará sentir que pertenece al mundo, y empezará a sentir la necesidad de comunicar las injusticias que ocurren en todas partes.

Sol en Acuario + Luna en Cáncer

El Sol en Acuario con la Luna en Cáncer es alguien independiente que anhela más independencia. Puede parecer una persona emocionalmente distante cuando siente que algo puede ser extraño en una situación. Es más, confía en su naturaleza instintiva para tomar decisiones importantes, y suele funcionar bien a su favor.

Acuario es un signo de aire, por lo que tener la Luna en Cáncer le hará sentirse más a gusto cuando ayude a los demás. Esta combinación es el equilibrio perfecto entre el servicio y la fidelidad a uno mismo.

Sol en Acuario + Luna en Leo

Estos dos signos son directamente opuestos en la carta del zodiaco. Se equilibran mutuamente, pero también impulsan al otro a salir de su zona de confort y ver más allá de sus narices.

Tener la Luna en Leo significa que este Acuario está listo para ser el centro del escenario por un minuto o dos. No se emociona todo el tiempo, aunque puede sentir que su fuego está listo para estallar y esparcirse gracias al signo de aire.

Sol en Acuario + Luna en Virgo

No tiene que buscar más allá una combinación de signos más cerebral. Es la elegida. Esto no significa que no tenga corazón; solo significa que prefiere pensar con la cabeza, y a veces prefiere no sentir en absoluto. Se podría argumentar que las emociones le hacen sentir incómodo, por lo que las evita.

Aun así, se trata de una combinación interesante porque su Sol en Acuario se asegurará de que siga siendo independiente. Usted se pregunta constantemente: "¿Cómo puedo servir a los demás?" y "¿Cómo puedo estar solo?" si está bajo esta combinación.

Sol en Acuario + Luna en Libra

Si es una mezcla de estos dos signos, debe saber que todo cambia y todo pasa. Es posible que se sienta confundido a lo largo de su vida porque estos dos signos son conocidos por su capacidad de divagar.

También puede preguntarse cómo puede ayudar a los demás, pero primero tendrá que ayudarse a sí mismo. La Luna en Libra le mostrará el camino, si se lo permite.

Sol en Acuario + Luna en Escorpio

Esta es una combinación genial e interesante. El Sol en Acuario tiende a amar a la Luna en Escorpio por su profundidad y su forma de ver la vida.

Es una persona compasiva que no tiene miedo. Nada puede afectarle, y sabe que es un recurso valioso para muchas personas que le admiran. Cuanto más se aleja de casa, más en paz se siente.

Sol en Acuario + Luna en Sagitario

Esta es una combinación encantadora que siempre está dispuesta a trabajar duro para conseguir la experiencia que se merece. El Sol en Acuario es alguien a quien le gusta ayudar, y la Luna en Sagitario es la que le gusta ser ayudada.

No se queda quieto durante mucho tiempo. Es muy independiente y sabe lo mucho que valora su libertad porque no conoce a nadie más que piense o actúe como usted.

Sol en Acuario + Luna en Capricornio

Esta combinación es poderosa porque se llevan muy bien. Este Sol en Acuario hará que la Luna en Capricornio se sienta más relajada que con cualquier otra combinación de signos.

El Sol en Acuario le dará un sentido de pertenencia más amplio, y pronto empezará a notar que hay más cosas en la vida que su casa o su patio.

Sol en Acuario + Luna en Acuario

El Sol en Acuario probablemente se debate con la Luna en Acuario. Si este es su caso, está constantemente tratando de probarse a sí mismo por qué necesita hacer algo en lugar de otra cosa.

Siempre está encantado de viajar lejos, pero también siente que le está haciendo un favor a los demás cada vez que se va por mucho tiempo porque sabe que no pueden manejar su doble signo de aire por largos períodos.

Sol en Acuario + Luna en Piscis

Si ha nacido bajo esta combinación, es una persona idealista que siempre intenta ver el lado positivo de la vida. A veces puede que se sienta decepcionado, pero usted es el único culpable, teniendo en cuenta que pone todo y a todos en un pedestal.

Es muy sensible gracias a la Luna en Piscis, pero también es una persona muy independiente a la que le gusta hacer las cosas a su manera.

Capítulo 12: Luna en Piscis

Símbolo: Los dos peces

Elemento: Agua

Cualidad: Mutable

Planeta regente: Neptuno

Casa gobernante: Duodécima

Breve explicación de la Luna en Piscis

La Luna en Piscis es una persona amistosa y fácil de llevar, a la que le encanta hacer que los demás se sientan bien consigo mismos. Si ha nacido bajo este signo lunar, es probable que ayude a los demás cuando lo necesiten, sin esperar tener nada a cambio como agradecimiento.

Es probable que la Luna en Piscis le haga muy sensible a su entorno. Todo el mundo le quiere, y a usted le gustaría corresponder a todo el mundo, pero es consciente de la energía que otras personas liberan constantemente. Es empático, pero también es consciente de su necesidad personal de dar un paso atrás y tener más espacio.

Si ha nacido con este signo lunar, es un individuo muy intuitivo que tiende a ver lo bueno de las personas. Le encanta conocer a los demás, probablemente porque le gustaría descubrir si sus energías eran correctas con respecto a esa persona.

Es tolerante, pero sabe cuándo detener algo, especialmente si le está haciendo daño. No solo es el último signo de la rueda del zodíaco, sino que también es un signo mutable. Esto significa que está en marcha a favor del cambio. Nunca será el mismo Piscis que era hace un par de días.

Es el que llora constantemente cuando va a la boda de su mejor amigo y suele ser llamado "tío" o "tía" por todos los hijos de sus amigos. Los niños lo adoran porque saben que pueden obtener una conexión real con usted. Es un amigo divertido, y los niños pueden percibirlo.

La Luna en Piscis y sus rasgos de personalidad

Puntos fuertes de la Luna en Piscis

No es una persona materialista

Idealmente, solo vive con las cosas que realmente necesita. No se esfuerza por comprar más cosas, especialmente cuando sabe que el espacio es limitado.

Se centra en el valor esencial de los objetos. Si le hacen feliz y son útiles, los conservará. Si no, es el primero en regalar todo.

Es muy sensible

No le importa mostrar su lado sensible a los demás, especialmente a los más cercanos. Algunas personas pueden discutir su autenticidad, pero no se preocupe por ellas, porque usted es uno de los signos más compasivos del zodiaco.

Es idealista

Le gustaría que todo saliera bien, como en su cabeza. La diferencia es que no existe una influencia externa cuando se trata de sus pensamientos. La gente intentará hacerle caer en desgracia precisamente porque usted se centra demasiado en lo bueno. Ve la belleza en todas partes, y la mayoría de la gente no está preparada para aceptarlo.

Es creativo

Tal vez esté acostumbrado a encontrar nuevas formas de expresar sus emociones internas porque es un signo mutable. Ya sea a través de la pintura, la actuación o la fotografía, necesitas llevar todo al siguiente nivel.

Además, siempre influirá en los demás para que sigan su camino creativo, pero en sus términos.

Debilidades de la Luna en Piscis

A veces es pesimista

Puede resultar muy irónico que usted sea pesimista, teniendo en cuenta que es un manojo de alegría la mayor parte del tiempo, pero a veces esto puede afectarle, y sus niveles de energía comienzan a disminuir, solo como las mareas.

Si las cosas no salen como usted quiere, su mente empezará a llenarse automáticamente de pensamientos pesimistas. Se preguntará continuamente qué puede hacer de forma diferente la próxima vez.

Tiene un carácter débil

Solo le interesa lo que tiene delante porque no le interesan los demás. A veces la gente dirá que usted está alejado del resto del mundo y, como resultado, no se involucra en nada "serio" o digno de su tiempo.

Al ser un signo de agua mutable, se pregunta por qué los demás tienden a pasar por encima de usted. Se siente irrespetado, pero esto solo ocurre porque no se pone firme y explica a los demás lo que le molesta.

Confía en los demás con demasiada facilidad

Si la primera impresión es buena, está metido en un lío. No parará de confiar en esa persona porque quiere creer que llegó a su vida por una fuerza vital más fuerte.

Esto podría traerle problemas, especialmente cuando los demás no tienen los mismos valores sólidos que usted. Tenderá a confiar en los demás la primera vez que los conozca. Luego, si las cosas no salen según sus planes, se preguntará qué ha hecho para merecer semejante trato.

Es demasiado emocional

Es usted un signo lunar de agua, que es el epítome de lo que el agua puede lograr. Es emocional, no tiene miedo de admitirlo y le encanta llorar y mostrar a los demás que está bien ser débil.

La Luna en Piscis y su compatibilidad amorosa

La Luna en Piscis valora el hecho de ser emocional. Es consciente de que el mundo sería un lugar mejor si más personas se abrieran a sus verdaderos sentimientos. Independientemente de la ubicación de su Sol o Luna, este signo suele tener compatibilidad amorosa con los signos lunares de fuego (Aries, Leo, Sagitario) o de tierra (Capricornio, Tauro, Virgo).

La Luna en Piscis necesita a alguien compasivo. Si ha nacido bajo esta Luna, quiere que alguien le diga que está bien sentirse así. Pero también le gustaría que sintiera lo mismo que usted.

La Luna en Piscis es sensual y no teme iniciar una nueva relación. Lo ideal sería que su amor fuera hacia un signo de tierra, como un Capricornio. Ustedes dos harán una gran pareja. Para empezar, usted aportará más pasión y sentimientos hacia el signo de tierra, y ellos le aportarán una combinación más estable.

Por el contrario, la Luna en Piscis es menos compatible con otra Luna en Piscis. Dos signos de agua, así como dos signos mutables, son una receta para situaciones difíciles. Principalmente porque nunca saben hacia dónde se dirigen.

Piscis como signo solar y los diferentes signos lunares

Sol en Piscis + Luna en Aries

Si posee esta poderosa combinación, lo más probable es que sea una persona muy espiritual que siempre trata de encender el fuego interior que todo el mundo tiene. Además, es probable que este Piscis aporte fuego a la ecuación como ningún otro signo.

Le gusta seguir sus instintos porque conoce los dos opuestos que le acompañan: un signo de agua y un signo de fuego.

Sol en Piscis + Luna en Tauro

La Luna en Tauro le aportará el terreno necesario para explorar, mientras que su Sol en Piscis siempre significa que es muy empático con otras personas. Si tiene esta combinación, usted es alguien que disfruta hablando con los demás y logra comprender su verdadero modo de ser y cumplir con sus caminos de vida.

Esta combinación es enérgica y a la vez flexible con todo lo que la vida le depara. Piscis es un signo mutable, por lo que la Luna ayudará a Tauro a ser menos rígido o fijo y a estar más en sintonía con sus necesidades personales.

Sol en Piscis + Luna en Géminis

Las personas de estos signos tienden a ser artistas porque es una combinación muy creativa. El Sol en Piscis permitirá a la Luna en Géminis nadar a través de sus ideas y llevarlas a la orilla para convertirlas en realidades.

Géminis también permitirá que Piscis le muestre el camino, algo único para los gemelos, ya que están acostumbrados a tomar la iniciativa la mayor parte del tiempo. Una persona de estos signos siempre encuentra una forma impactante de compartir lo que siente.

Sol en Piscis + Luna en Cáncer

Todas las combinaciones dobles de signos de agua son intensas, pero esta lleva la intensidad a un nivel completamente nuevo. Esta combinación puede traducir diferentes tipos de energías en segundos. Son casi psíquicos cuando están juntos.

Si ha nacido con estos signos, es muy intuitivo, ya que necesita mantener el equilibrio entre ellos para liberar la antigua energía transportada por el empático Cáncer.

Sol en Piscis + Luna en Leo

Afortunadamente, para el signo de fuego, tener el Sol en Piscis significa que pueden arrojarse a ese lugar, o puede desaparecer completamente bajo el agua.

Estos Piscis suelen tener una personalidad más fuerte, precisamente por su Luna de fuego. Son personas muy sensibles que empatizan con los demás. Sin embargo, siguen teniendo una batalla interna que librar. ¿Quién va a ganar, el agua o el fuego?

Sol en Piscis + Luna en Virgo

En la rueda del zodiaco, Virgo y Piscis están enfrentados. Como resultado, tiene un equilibrio interno que no tienen muchos otros signos. Se encuentra entre las capas internas y las externas constantemente. Su signo lunar de tierra siempre le dice cómo debe sentirse, mientras que el Sol en su signo de agua le muestra cómo debe sentirse.

Cerciórese de que la Luna en Virgo permanezca en su lugar, o perderá su lado creativo, el que le reconecta con usted mismo. Si mantiene la calma e integra estos dos signos, probablemente se sentirá y será más feliz.

Sol en Piscis + Luna en Libra

Si ha nacido con esta combinación, es probable que haya experimentado fases difíciles a lo largo de su vida. Primero, desea nadar en las profundidades del océano de sus pensamientos. Luego, decide que lo mejor es mantenerse alejado, en algún lugar donde pueda ver todos los lados.

También tiene una intensa intuición emocional, y debe prestarle atención. No aceptará los malos tratos ni a las personas que juzgan a los demás.

Sol en Piscis + Luna en Escorpio

Este es un encantador signo de agua doble. Tanto Escorpio como Piscis lucharán por mantener el trono. Es probable que la Luna en Escorpio le diga dónde tiene que nadar y cómo hacerlo con profundidad.

Lo más probable es que siempre esté mejorando. Ya sea que esto signifique que está teniendo éxito académico o que está inventando cosas nuevas, su mente viaja a nuevos lugares donde nadie más ha estado.

Sol en Piscis + Luna en Sagitario

La Luna en Sagitario es la que hará que el Sol en Piscis se sienta único. El signo de agua siempre está pendiente de usted. Su signo de Piscis aguará el fuego de su Sagitario cuando sea necesario, independientemente de que le guste o no.

Sin embargo, la Luna en Sagitario también es alguien que se adentra en su interior. Por lo tanto, se pregunta constantemente si debe continuar con su viaje filosófico interior.

Sol en Piscis + Luna en Capricornio

Estos dos signos forman una combinación encantadora. Sorprendentemente, la Luna en Piscis le hará profundizar en su interior mediante un viaje de sanación. Es algo que nunca creyó que sucedería, pero llegará a sí mismo si lo permite.

Usted es una persona a la que le gusta hablar con su familia y amigos durante horas, sin parar. Le admiran, y usted es su líder, a veces sin siquiera saberlo.

Sol en Piscis + Luna en Acuario

Si ha nacido bajo esta combinación, es una persona idealista que siempre intenta ver el lado positivo de la vida. A veces puede que se sienta decepcionado, pero usted es el único culpable, teniendo en cuenta que pone todo y a todos en un pedestal.

Es muy sensible gracias al Sol en Piscis, pero también es una persona muy independiente a la que le gusta hacer las cosas a su manera, gracias a su Luna en Acuario.

Sol en Piscis + Luna en Piscis

Este es el último signo doblemente acuático y doblemente mutable. Qué vida puede tener. Es intenso, fuerte, adaptable y entusiasta de los cambios.

Probablemente se aburra con facilidad y necesite invertir sus energías en cosas o conocimientos nuevos constantemente. Sin embargo, tenga cuidado; demasiada agua puede causar graves inundaciones.

Conclusión

Su signo lunar es una pieza esencial en su viaje de autodescubrimiento. Quienes se interesan por la astrología y han estudiado la influencia del signo lunar son conscientes de que la Luna influye en las decisiones de una persona. Sin embargo, la Luna también le dice cómo sentirse o le hace sentirse a gusto, la mayoría de las veces.

La Luna es la que rige su "yo interior", y necesita tener esta información para ver lo que le hace feliz y único. Su signo lunar le explicará quién es usted en un nivel más profundo, qué necesita trabajar y por qué necesita hacerlo.

Su signo lunar también expondrá los puntos fuertes y débiles de su signo solar. Irá tras el Sol, preguntando por qué reaccionó de cierta manera o le dijo que hiciera algo diferente a lo que la Luna ordenó.

Pero también le dará una nueva dinámica en la que no había pensado, porque cuando su Sol y su Luna se mezclan, se complementan. Además, la Luna cambiará de forma dentro de un ciclo, que dura más de veintisiete días, por lo que pasará de Luna llena a fases crecientes y menguantes, a fases de cuarto creciente, para finalmente volverse invisible cuando sea la fase de Luna nueva.

Esto tendrá un profundo impacto en las decisiones que tome y en su estado de ánimo. Si es mujer, esto podría afectar incluso a su periodo menstrual. Por lo tanto, la Luna está destinada a cambiarle de diferentes maneras a lo largo de un solo mes. Además, hay una fuerza gravitatoria presente en la naturaleza, ya que cuando la Luna está más cerca de la Tierra, las mareas oceánicas crecen exponencialmente.

Desde una perspectiva más amplia, se puede afirmar que el Sol es la energía masculina, la predominante y la figura paterna que se desvive por iluminar incluso las zonas más oscuras. Mientras que la Luna se asocia a la energía femenina, es una figura materna y representa la naturaleza y cómo transcurren sus ciclos. El Sol representa el pensamiento lógico, mientras que la Luna representa los sentimientos en bruto. El signo solar es el primero en actuar hacia algo, mientras que el signo lunar reacciona con respecto a eso.

Lo esencial es saber que todos los seres humanos tienen una energía femenina y masculina innata. Son como el yin y el yang; todos tienen ambos colores. Sin embargo, la sociedad enseña que hay que elegir uno y centrarse en él.

Sin embargo, si es un hombre, también tiene una energía femenina sutil que necesita alimentar. Si es una mujer, también tiene una energía masculina sutil que debe cuidar. La importancia aquí es encontrar un equilibrio entre estas dos energías y descubrirlo a través de sus signos solares y lunares.

Sin embargo, esto no quiere decir que un signo sea más importante que el otro. Al contrario, es imposible determinar cuál es el que más afecta a un individuo.

Ambos signos son mutuamente dependientes el uno del otro. Casi parece que existe una fuerte fuerza gravitacional que hace que los dos signos trabajen juntos.

Si está buscando formas de tener una conexión interna más profunda y de comprender sus sentimientos y sus reacciones y acciones en general, eche un vistazo a su signo lunar.

Si su signo lunar es el mismo que su signo solar, significa que nació bajo la Luna nueva, cuando el cielo estaba completamente oscuro y le daba la bienvenida.

En cambio, si su signo lunar está directamente opuesto a su signo solar, significa que nació bajo una Luna llena. Por lo tanto, en lugar de separarse de los demás, está acercándose a ellos.

En el mundo de la astrología, conocer su signo lunar es primordial para saber más sobre su carta natal. Su personalidad emocional se presenta a través de su signo lunar. Si se centrara constantemente en su signo solar, descubriría un lado de su energía, la energía masculina. También estaría dejando atrás alguna información relevante sobre su lado femenino.

Pero el signo lunar también puede explicar por qué a veces actúa bajo la perspectiva de un signo cardinal, fijo o mutable. Quizás su Sol es fijo, pero su Luna es mutable, por lo que busca intensamente el cambio interior.

Cuando estas energías chocan, darán forma a su personalidad. Sin embargo, es necesario que tome conciencia de ellas para que estas energías trabajen a su lado. Si no, los rasgos de los signos actuarán y jugarán cuando quieran hacerlo. Lo mejor sería trabajar en su carta natal con alguien que la conozca y pueda guiarle. De lo contrario, lo más probable es que se confunda con toda la información que puede descubrir.

Piense en la carta como en una cebolla. El signo solar es la primera capa, la que puede quitar fácilmente. La segunda capa es el signo lunar. La tercera y cuarta capa son el resto de la información que tiene su carta natal.

Cada signo del zodiaco es único, y si a esa ecuación le añadimos un signo lunar, nos encontramos ante un regalo, porque hay 144 combinaciones para que la gente elija, o para que el universo lo elija por usted como fuerza vital representativa.

Este libro debería haberle proporcionado mucha información sobre cómo los signos solares y lunares del zodíaco pueden trabajar juntos para formar una persona sana, cariñosa y atenta... es decir, usted.

Bienvenido a este nuevo viaje. Con suerte, su signo lunar está preparado para revelar algunas verdades sobre usted mismo que probablemente haya dejado en el olvido en la zona más oscura de su cerebro, corazón y alma. Lo ideal es que su signo solar le ayude a llevar algo de luz a esas zonas. De este modo, continuará su camino de curación.

Vea más libros escritos por Mari Silva

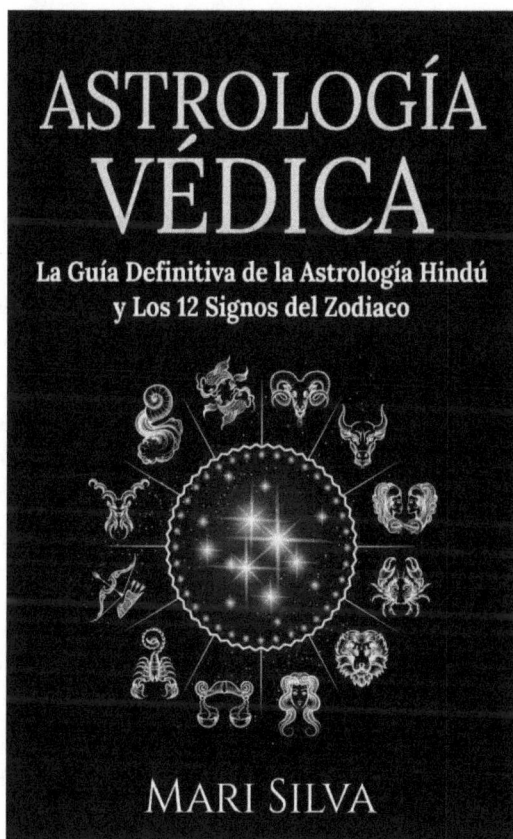

ASTROLOGÍA VÉDICA

La Guía Definitiva de la Astrología Hindú y Los 12 Signos del Zodiaco

MARI SILVA

Bibliografía

Astrostyle: Astrología y Horóscopos diarios, semanales y mensuales por Los AstroTwins. (2016). Astrostyle: Astrostyle: Astrología y horóscopos diarios, semanales y mensuales por The AstroTwins. https://astrostyle.com

Faragher, A. K. (n.d.). *Lo que su signo lunar revela sobre su personalidad emocional.* Allure. Extraído de: https://www.allure.com/story/zodiac-moon-sign-emotional-personality

Signos solares, astrología y todo lo demás que le encantará / SunSigns.org. (n.d.). Signos solares.

https://www.sunsigns.org/

Las diferencias fundamentales entre su signo solar y lunar - Astroyogi.com. (n.d.). Www.Astroyogi.com. Extraído de: https://www.astroyogi.com/articles/the-fundamental-differences-between-your-sun-and-moon-sign.aspx

Well+Good / Su relación más saludable. (n.d.). Well+Good. Extraído de: https://www.wellandgood.com